RECEITAS FÁCEIS & SABOROSAS

Livros do autor publicados pela **L&PM** EDITORES

Coleção **L&PM** POCKET:
100 receitas com lata
100 receitas de aves e ovos
100 segredos de liquidificador
200 receitas inéditas
222 receitas
Anonymus Gourmet em Histórias de cama & mesa
Cardápios do Anonymus Gourmet
Comer bem, sem culpa (c/ Fernando Lucchese e Iotti)
Cozinha sem segredos
Dieta mediterrânea (c/ Fernando Lucchese)
Mais receitas do Anonymus Gourmet
Na mesa ninguém envelhece
Novas receitas do Anonymus Gourmet
Receitas da família
Receitas fáceis
Show de sabores
Voltaremos!

Livros convencionais:
233 receitas do Anonymus Gourmet
A boa mesa com sotaque italiano (com Iotti)
O brasileiro que ganhou o prêmio Nobel
Copos de cristal
Enciclopédia das mulheres
Meio século de Correio do Povo
Memórias do Anonymus Gourmet
Opinião x censura
Recuerdos do futuro
O Senador acaba de morrer

Anonymus Gourmet

RECEITAS FÁCEIS
& SABOROSAS

www.lpm.com.br

L&PM POCKET

Coleção **L&PM** POCKET, vol. 1347

Texto de acordo com a nova ortografia.

Capa: Ivan Pinheiro Machado
Preparação: Marianne Scholze
Revisão: Nanashara Behle

CIP-Brasil. Catalogação na publicação
Sindicato Nacional dos Editores de Livros, RJ

M131r

Machado, José Antônio Pinheiro, 1949-
Receitas fáceis e saborosas / José Antônio Pinheiro Machado. – 1. ed. – Porto Alegre [RS]: L&PM, 2022.
272 p. ; 18 cm. (Coleção L&PM POCKET, v. 1347)

ISBN 978-65-5666-311-1

1. Culinária. 2. Receitas. I. Título.

22-80042
CDD: 641.5
CDU: 641.5

Gabriela Faray Ferreira Lopes - Bibliotecária - CRB-7/6643

© José Antonio Pinheiro Machado, 2022

Todos os direitos desta edição reservados a L&PM Editores
Rua Comendador Coruja, 314, loja 9 – Floresta – 90.220-180
Porto Alegre – RS – Brasil / Fone: 51.3225.5777

Pedidos & Depto. comercial: vendas@lpm.com.br
Fale conosco: info@lpm.com.br
www.lpm.com.br

Impresso no Brasil
Primavera de 2022

RECEITAS FÁCEIS & SABOROSAS

Peixe empacotado

O peixe empacotado é uma delícia que surpreende e encanta. O que será que vai sair do pacote?

Ingredientes
6 filés de peixe (tilápia ou de sua preferência)
3 tomates picados
2 cebolas-roxas picadas
½ xícara de suco de limão (5 limões)
1 pimentão vermelho picado
1 pimentão amarelo picado
1 pimentão verde picado
1 xícara de salsinha picada
1 xícara de cebolinha picada
1 dente de alho picado
2 colheres (sopa) de manjericão
2 colheres (sopa) de orégano
2 colheres (sopa) de alecrim
azeite de oliva a gosto

Modo de preparo

Espremer os limões e reservar.

Para fazer o molho, misture os tomates, as cebolas, os pimentões, o alho, o manjericão, o orégano, o alecrim, a salsinha, a cebolinha e o suco de limão. Mexa tudo delicadamente, coloque um fio de azeite de oliva. Reserve.

Tempere os filés de peixe com sal e pimenta-do-reino.

Coloque um filé de peixe em cima de um pedaço de papel alumínio. Por cima, coloque o molho. Dobre o papel alumínio de forma que fique um envelope bem fechado. Coloque-o em uma forma. Repita esta operação com cada um dos filés.

Leve ao forno preaquecido durante 40/45 minutos. Sirva em seguida. A vantagem do peixe empacotado é que você leva os pacotinhos direto para a mesa, de forma que o peixe fique quentinho até que o convidado abra o pacote!

Gelado de morango

Uma receita barata e fácil de fazer. Mas, depois de pronto, impressiona os convidados (parece caro e difícil).

Ingredientes
4 caixas de morangos
2 barras de chocolate ao leite
1 lata de creme de leite
2 pacotes de merengues

Modo de preparo
Num prato, disponha os morangos partidos, os merengues triturados. Reserve. Derreta o chocolate em banho-maria, retire do fogo e misture o creme de leite, sendo esta mistura a última camada. Leve à geladeira por 2 horas.

Bolo inglês

É um clássico milenar, com variações. Existem relatos da Idade Média em que os antigos romanos incluíam sementes de romã, pinhões e passas numa papa de cevada. Na Idade Média, os cruzados levavam esse bolo nas suas viagens, que duravam meses e até anos.

Ingredientes

2 ovos
1 colher (sopa) de fermento químico
1 colher (chá) de essência de baunilha
1 pitada de sal
raspas de laranja a gosto
½ xícara de suco de laranja natural
½ xícara de iogurte natural
frutas cristalizadas, uvas-passas pretas/brancas, nozes a gosto
½ xícara de margarina (70g)
2 xícaras de farinha de trigo
1 ¼ xícara de açúcar comum
açúcar de confeiteiro para polvilhar

Modo de preparo

Derreta a margarina por 30 segundos no micro-ondas. Em uma tigela, coloque a margarina derretida, os ovos, o iogurte, o suco de laranja, o açúcar, as raspas de laranja, a farinha (caso prefira, pode peneirar), a essência de baunilha e o sal. Misture todos os ingredientes, batendo até formar uma massa homogênea. Adicione o fermento químico. Unte uma assadeira com margarina e farinha. Despeje a massa na forma. Em um recipiente, coloque as frutas cristalizadas, as uvas-passas, as nozes e um pouco de farinha de trigo. Adicione as frutas à massa e leve ao forno por 40 minutos. Depois de pronto, polvilhe o açúcar de confeiteiro por cima.

Bolo natureba de frutas

Bolos de frutas têm prestígio mundial. Em Portugal, é o Bolo Rei, com frutas cristalizadas e nozes. O panetone italiano é dessa família. Na Alemanha, tem o *stolen*, na Inglaterra, o *christmas cake* e o *christmas pudding*, todos com frutas.

Ingredientes
4 ovos
1 banana
2 maçãs com casca
1 laranja com casca
1 xícara de açúcar mascavo
½ xícara de óleo
1 xícara (cafezinho) de uvas-passas pretas
1 colher (chá) de bicarbonato de sódio
1 colher (sopa) de fermento químico
2 ½ xícaras de farelo de aveia
1 colher (chá) de canela em pó
Para a cobertura: 2 colheres (sopa) de açúcar e uma pitada de canela em pó

Modo de preparo
Coloque os ovos, o açúcar mascavo, o óleo, a banana, as maçãs (com casca), a laranja (com casca), as uvas-passas

no liquidificador e bata até ficar homogêneo. Em um recipiente, coloque a mistura do liquidificador e adicione o farelo de aveia, a canela em pó, o bicarbonato de sódio e o fermento químico. Em seguida, coloque em uma assadeira untada e enfarinhada. Antes de levar o bolo ao forno, o retoque indispensável de uma cobertura simples, mas de grande efeito: 2 colheres (sopa) de açúcar e uma pitada de canela em pó. Levar ao forno preaquecido e assar por 50 minutos.

Lombinho chinês

Saborosa versão de um clássico chinês, que permite ao cozinheiro retirar ou acrescentar ingredientes. No Japão, no Vietnã e em outros países asiáticos circulam as mais diversas versões. Não poderia faltar uma versão brasileira.

Ingredientes
500g de lombo de porco picado
3 colheres (sopa) de shoyu
2 colheres (sopa) de vinagre de vinho tinto
1 dente de alho amassado
1 colher (chá) de açúcar
1 colher (sopa) de azeite
100g de buquezinhos de brócolis
½ pimentão verde picado
½ pimentão amarelo picado
½ pimentão vermelho picado
1 xícara de repolho picado

2 colheres (chá) de amido de milho
1 xícara de cafezinho de shoyu
cebolinha-verde picada para polvilhar
manteiga

Modo de preparo

Tempere o lombo de porco com o óleo, o shoyu, o vinagre e o alho. Reserve.

Em uma frigideira, aqueça a manteiga em fogo médio e frite a carne, adicionando o açúcar. Acrescente os pimentões, os brócolis e o repolho roxo, deixando cozinhar por um minuto. Mexa às vezes, por 5 minutos ou até a carne ficar macia ou até que os legumes estejam crocantes.

Dissolva o amido de milho no shoyu e junte à frigideira. Cozinhe por 2 minutos ou até engrossar. Transfira para um recipiente, polvilhe com a cebolinha e sirva com arroz.

Mousse preto e branco

Um festival de chocolates misturados para um resultado sublime.

Ingredientes
300g de chocolate meio amargo
300g de chocolate branco
6 gemas
4 claras
3 colheres (sopa) de açúcar

300ml de creme de leite fresco (nata) + ½ xícara de creme de leite fresco (nata) bem gelado

Modo de preparo

Em um recipiente, coloque 300ml de creme de leite fresco (nata) e bata bem. Divida esse chantili em duas partes.

Derreta o chocolate meio amargo em banho maria e reserve.

Na batedeira, bata 3 gemas e 3 colheres de sopa de açúcar. Acrescente ½ xícara de chá de creme de leite fresco (nata) bem gelado, sem parar de bater, acrescente o chocolate meio amargo derretido e reserve.

Uma parte desse chantili adicione ao creme de chocolate meio amargo reservado e 3 claras em neve. Reserve.

Derreta o chocolate branco em banho-maria e reserve.

Adicione o restante do chantili reservado na mistura do creme de chocolate branco. Bata e acrescente 1 clara em neve, misture.

Na metade de uma travessa, coloque metade do creme preto e, na outra metade da travessa, coloque o creme branco. Com uma colher, desenhe a mistura.

Leve à geladeira por 6 horas antes de servir.

Fritada democrática

Num ano eleitoral, os ingredientes simples e saborosos convidam à variedade. Temos uma sugestão saborosa que, democraticamente, você poderá acrescentar e modificar. *Bon appétit.*

Ingredientes

6 ovos
125g de mortadela picada
125g de muçarela fresca picada
1 colher (sopa) de salsinha picada e mais um pouco para salpicar
1 colher (sopa) de queijo parmesão ralado na hora
sal (somente uma pitada, pois a mortadela e o queijo já são salgados)
pimenta a gosto
1 colher (sopa) de manteiga
1 fio de azeite

Modo de preparo

Ligue o forno para esquentar.

Bata os ovos em uma tigela, depois acrescente a mortadela e a muçarela picadas.

Adicione a colher de sopa de salsinha juntamente com o parmesão, o sal e a pimenta, lembrando-se de que tanto a mortadela quanto o parmesão já vão dar um toque salgado.

Aqueça a manteiga e o óleo em uma frigideira com cabo que possa ir ao forno ou em uma caçarola de ferro fundido com aproximadamente 25cm de diâmetro. Quando estiver quente e espumando, adicione a mistura da omelete.

Cozinhe por cerca de 5 minutos em fogo baixo, sem mexer, até que a fritada esteja firme e dourada por baixo – pode ser feita somente na boca do fogão OU transfira a panela para o forno quente (mantendo o cabo longe do calor) e cozinhe a fritada até ficar firme por cima – não deixe a panela sem supervisão, pois isso pode acontecer bem rápido, e use luvas de cozinha para retirar a panela.

Deixe descansar por alguns minutos, depois passe uma faca ou uma espátula ao redor da borda da fritada e retire-a da panela, com o mesmo lado para cima, transferindo-a para uma tábua ou um prato. Corte em 8 triângulos, como um bolo, depois salpique com a salsinha extra e sirva com vagem ou salada.

Usando bem as sobras

As sobras devem ser cobertas e refrigeradas o quanto antes, e consumidas em 1 ou 2 dias. Não hesite em colocar um pedaço – frio – em um pão ou brioche para fazer um sanduíche, como aqueles oferecidos sob balcões de vidro em bares de toda a Itália.

BOLO CALDA DE CHOCOLATE

A calda é muito simples. Os ingredientes são todo fáceis. Apesar da simplicidade, brilha na hora de servir.

Ingredientes
Calda
2 copos de água
1 copo de açúcar
4 colheres (sopa) de chocolate em pó
½ xícara (cafezinho) de licor

Massa

150g de margarina
2 copos de farinha de trigo
4 colheres (sopa) de chocolate em pó
2 ovos
1 colher (sopa) de fermento químico
1 pitada de sal
1 copo de açúcar
1 copo de leite
1 colher (sopa) de margarina para untar a forma
100g de chocolate granulado para decorar o bolo

Modo de preparo

Comece pela calda. Misture em uma panelinha a água, o açúcar e o chocolate. Leve ao fogo e, mexendo por vezes, espere engrossar levemente. A calda vai reduzir um pouco.

Enquanto isso, vamos para a massa. Bata na batedeira a margarina com os ovos e o açúcar até obter um creme consistente, quase branco. São cinco minutos de batedeira.

Com o creme batido, em outro recipiente, peneire a farinha de trigo e o chocolate em pó. Agora, misture os ingredientes peneirados à mistura batida na batedeira. Aos poucos, acrescente o leite para acertar o ponto da massa, que deve ficar consistente, mas cremosa. Pode ser que você não precise usar todo o leite.

Unte uma forma redonda com cone no centro com a margarina. Arrume a massa na forma.

Voltemos à calda: quando reduzir um pouco e engrossar levemente, desligue o fogo e acrescente o licor. Misture.

Despeje a calda por cima da massa na forma. É assim mesmo, o líquido vai sobre a massa. Leve ao forno por uma hora.

Desenforme o bolo calda de chocolate depois de morno e enfeite com o chocolate granulado. Esta é uma ótima receita para servir em seguida, ainda quente, mas fria também é uma delícia. A calda vai se transformar em um creme, e a massa ficará molhadinha: uma combinação perfeita.

Bisteca de verão

Uma receita de carne fácil de preparar e com resultado excelente. Brilha até no inverno.

Ingredientes
1 filé de alcatra com 2,5cm de altura (aproximadamente 600g)
5 ramos de tomilho ou 1 colher (sopa) de folhinhas de tomilho fresco
2 dentes de alho amassados
80ml de azeite de oliva extravirgem
casca e suco de ½ limão
1 colher (chá) de sal Maldon ou ½ colher (chá) de sal comum
pimenta-do-reino moída na hora

Modo de preparo
Coloque para esquentar uma grelha ou uma panela de fundo pesado. Tire a gordura ao redor da carne.

Pincele a carne com óleo para evitar que grude na panela ou na grelha. Cozinhe por 3 minutos de cada lado para uma carne malpassada; o limão na marinada vai cozinhá-la um pouco mais.

Enquanto a carne cozinha, coloque as folhinhas de tomilho, o alho, o azeite, a casca e o suco de limão, o sal e a pimenta-do-reino numa vasilha grande e rasa.

Quando a carne estiver pronta, transfira para a marinada e deixe por 4 minutos de cada lado. Remova para uma tábua e corte fatias finas na diagonal.

Rende 4 porções.

Bolo de uva

O ideal é utilizar uva preta. Caso não encontre, vale tentar com outros tipos. Encanta os olhos e sacia a vontade de bolo!

Ingredientes
2 ovos
100g de manteiga sem sal
1 ½ copo de farinha de trigo
1 copo de açúcar
1 colher de fermento para bolo
3 cachos de uva preta
5 colheres de açúcar cristal

Modo de preparo
Derreta a manteiga numa panela no fogo. Deixe esfriar.

Em outra panela, coloque as uvas sem sementes com 3 colheres de açúcar cristal. Deixe ficar um creme.

Numa tigela, bata os ovos, acrescente a manteiga derretida já fria, a farinha de trigo, o copo de açúcar e o fermento. Misture bem até que a massa fique homogênea.

Unte uma forma e enfarinhe-a. Coloque uma camada da massa. Cubra-a com o creme de uvas. Coloque mais massa por cima e polvilhe com o restante do açúcar cristal.

Leve ao forno preaquecido por aproximadamente 40 minutos.

Sirva com nata.

FRANGO ESPANHOL

Um bom azeite de oliva para besuntar o frango faz toda a diferença. Uma receita para fugir do banal.

Ingredientes
azeite de oliva ou óleo de cozinha para besuntar o frango, os salsichões e as batatas
6 coxas de frango ou sobrecoxas (com pele e osso)
500g de salsichões (inteiros se forem pequenos ou cortados em pedaços de 4cm se forem de tamanho normal)
1kg de batatas pequenas, cortadas ao meio
2 cebolas-roxas, descascadas e picadas grosseiramente
2 colheres (chá) de orégano seco
casca de 1 laranja ralada
1 copo de suco de laranja

Modo de preparo

Preaqueça o forno a 220°C. Coloque o azeite no fundo de uma assadeira rasa, 1 colher de sopa em cada sobrecoxa. Esfregue a pele do frango no óleo, depois vire o lado da pele para cima.

Acrescente os salsichões e as batatas entre os pedaços de frango. Salpique a cebola e o orégano por cima, depois rale a casca de laranja sobre tudo.

Asse por 1 hora, mas depois de 30 minutos inverta a posição dos frangos e regue o conteúdo com o suco de laranja. Vá cuidando e regando até que fique dourado e assado.

BOLO NA CERVEJA

Acredite: pode servir para as crianças! No calor do forno, o álcool evapora completamente, deixando o sabor intacto.

Ingredientes
150g de manteiga, mais um pouco para untar
300g de melado de cana
200g de açúcar mascavo escuro
250ml de cerveja preta
2 colheres (chá) de gengibre em pó
2 colheres (chá) de canela em pó
¼ de colher (chá) de cravo em pó
400g de farinha de trigo
2 colheres (chá) de bicarbonato de sódio
1 pote de iogurte natural

2 ovos
1 assadeira quadrada de 23cm ou 1 assadeira de alumínio com aproximadamente 30cm x 20cm x 5cm

Modo de preparo

Preaqueça o forno a 170°C. Forre a assadeira com papel alumínio e unte-a, ou unte a assadeira de alumínio.

Coloque a manteiga, o melado, o açúcar mascavo, a cerveja preta, o gengibre, a canela e o cravo em pó em uma panela e derreta lentamente, em fogo baixo.

Retire do fogo e incorpore a farinha e o bicarbonato, podendo levar para a batedeira para facilitar. Você terá de ser paciente e bater bem para desfazer todos os caroços.

Bata o iogurte e os ovos em um copo medidor, e depois incorpore à mistura da massa, batendo novamente para obter uma massa lisa.

Despeje na forma quadrada forrada ou na assadeira de alumínio e asse por cerca de 45 minutos.

Quando estiver pronto, terá crescido e ficado brilhante por cima.

Churrasquinho com melado

O "problema" dessa receita é ser saborosa demais. CUIDE! Não abandone o churrasco tradicional.

Ingredientes
12 costelinhas de porco

12 sobrecoxas de frango com pele e osso
250ml de suco de maçã, o mais ácido possível
4 colheres (sopa) de melado
2 colheres (sopa) de óleo vegetal
2 colheres (sopa) de shoyu
2 anises-estrelados
1 pauzinho de canela ao meio
6 dentes de alho com casca

Modo de preparo

Ponha as costelinhas e as sobrecoxas de frango em dois grandes sacos plásticos, daqueles para congelar (ou numa tigela).

Junte os demais ingredientes e chacoalhe bem tudo junto antes de fechar os sacos ou cobrir a tigela.

Tire as carnes da geladeira e preaqueça o forno a 200ºC.

Ponha todo o conteúdo dos sacos em uma ou duas assadeiras (a pele do frango deve ficar voltada para cima), leve ao forno e asse por cerca de 1h15min, ou até que tudo esteja caramelizado e dourado.

Rende de 6 a 8 porções.

Gelado de uvas

Embaraça pela simplicidade e pelo sabor!

Ingredientes
400g de chocolate ao leite

600g de uvas verdes
2 caixas de creme de leite

Modo de preparo

Derreta o chocolate em banho-maria. Quando estiver derretido, acrescente o creme de leite e misture.

Espalhe as uvas no fundo de um refratário, formando uma camada. Adicione o creme de chocolate como segunda camada.

Leve à geladeira por aproximadamente 4 horas e, antes de servir, enfeite com uvas cortadas ao meio.

Torta suspiro de limão

Poucos ingredientes, fácil de fazer e com um resultado incrível. Uma sobremesa digna de aplausos.

Ingredientes
1 pote de nata bem gelado
2 caixinhas de leite condensado (1 delas bem gelada)
2 pacotes de suspiros (200g)
1 a 2 limões (reservar as raspas para decorar)

Modo de preparo

Coloque uma caixa de leite condensado em um recipiente, adicione o suco de 1 a 2 limões e mexa até ficar homogêneo e formar uma aparência de "mousse". Reserve na geladeira até o momento de servir.

Na batedeira, coloque um pote de nata e uma caixa de leite condensado, ambos bem gelados. Bata até ficar no ponto de chantili e reserve.

Em uma forma de fundo removível, faça uma camada de creme e outra de suspiros quebrados. Faça quantas camadas der a quantidade de creme e de suspiros. A última camada deverá ser de creme, e por cima desse creme coloque a mousse de limão reservada.

Decore com suspiros quebrados e raspas de limão.

Dica: Faça a torta de véspera ou deixe no freezer até o momento de servir, a mousse coloque somente na finalização, na hora de servir.

Costeletas de porco com uvas

Esta receita é especialíssima. Se não tiver vinho do porto, um bom vinho branco gaúcho garante a honra do cozinheiro.

Ingredientes
1kg de costeletas de porco
1 cacho de uvas pretas
1 dente de alho
talos de cebolinha-verde
sal a gosto
pimenta a gosto
1 cálice de vinho do porto
azeite
manteiga

Modo de preparo

Tempere as costeletas com sal, pimenta, alho e cebolinha picada.

Coloque uma frigideira no fogo com um fio de azeite e manteiga e frite a carne, reservando em um prato.

Coloque as uvas, previamente lavadas, na frigideira e mexa um pouco, até começarem a caramelizar.

Acrescente o vinho do porto e deixe reduzir um pouco.

Volte a colocar as costeletas na frigideira durante um minuto.

Ao fim deste tempo, está pronto para servir.

SORVETE DE BANANA CARAMELADA

A ideia aqui – e todo o charme – é NÃO misturar de forma homogênea. Fica um sorvete especial, com um toque artesanal.

Ingredientes
1 xícara de açúcar
2 potes de creme de leite fresco (nata) – usaremos em duas etapas: 1 xícara para o caramelo e 400g para o creme
1 caixinha de leite condensado – usaremos em duas etapas: ½ xícara para o caramelo e 200g para o creme
2 bananas grandes picadas (pode ser banana-prata, caturra)

Modo de preparo

Em uma panela, derreta o açúcar até virar um caramelo.

Misture o creme de leite fresco no caramelo e mexa.

Coloque o leite condensado e siga mexendo por, aproximadamente, 3 minutos. Junte as bananas e reserve.

Na batedeira, coloque o creme de leite e o leite condensado e bata até ficar no ponto de chantili. Adicione a banana caramelada e misture ligeiramente, de modo que não fique uma mistura homogênea.

Disponha em uma taça e leve ao freezer por 5 horas.

Cookies natureba

Verdadeira "assembleia" ou "convenção" de produtos naturais e saborosos.

Ingredientes
1 xícara de aveia em flocos
½ xícara de farinha de trigo integral
½ xícara de granola
1 colher (sopa) de linhaça marrom
½ xícara de açúcar mascavo
1 ovo
¼ xícara de óleo de girassol
1 pitada de canela em pó
1 colher (chá) de cacau em pó
Obs.: se desejar, adicione uvas-passas, castanhas, damasco etc.

Modo de preparo
Misture todos os ingredientes e sove com a mão (o calor da mão faz com que eles se unam mais facilmente). Molde os cookies, coloque na forma e adicione uvas-passas,

pedaços de chocolate meio amargo, castanhas, nozes ou damasco. Leve para assar em forno preaquecido a 180°C por aproximadamente 15 minutos.

Torta de batata-doce ralada
recheada com frango

Ainda que a receita tenha o nome comprido, é fácil de fazer e mais fácil ainda de gostar.

Ingredientes
1 colher (sopa) de azeite
1 cebola picada
1 dente de alho amassado
2 xícaras de frango cozido e desfiado
2 tomates, sem sementes, picados
1 colher (chá) de sal
1 pitada de pimenta-do-reino
1 caixinha de creme de leite zero lactose
1 colher (sopa) de salsa picada
800g de batata-doce ralada no ralo grosso
1 pitada de sal
1 pitada de páprica picante

Modo de preparo
Em uma panela, aqueça o azeite e doure a cebola e o alho. Junte o frango, os tomates, o sal e a pimenta-do-reino e refogue até murchar. Desligue o fogo, acrescente o creme

de leite, a salsa e misture bem.

Em um recipiente, tempere as batatas com o sal e a páprica e reserve. Em uma frigideira grande, untada levemente com azeite, coloque uma porção de batata, formando um disco. Coloque no centro do disco um pouco do recheio e cubra com mais uma porção de batata, apertando e moldando para que fique bem coberto (molde com a colher, de modo que as bordas fiquem bem arredondadas e fechadas). Deixe no fogo médio por cerca de 5 minutos ou até que a parte inferior comece a dourar do outro lado. Repita o procedimento e sirva a seguir.

Pão de moranga (sem glúten)

O fato de ter 10 ingredientes não deve assustar. Todos são fáceis e baratos. Misturados, formam uma receita digna de ser cobrada em dólares.

Ingredientes
1 xícara de moranga cozida
½ xícara de água
1 colher (sopa) de açúcar mascavo
2 colheres (sopa) de azeite de oliva
1 colher (chá) rasa de sal
1 xícara de aveia em flocos finos
½ xícara de polvilho doce
½ xícara de farinha de arroz
1 colher (sopa) de fermento biológico seco instantâneo
½ colher (chá) rasa de goma xantana

Modo de preparo

Cozinhe a moranga até ficar macia. Espere amornar para misturar aos ingredientes molhados.

Bata os ovos, a moranga, a água, o açúcar, o azeite e o sal no liquidificador até obter uma massa lisa e líquida.

Em uma bacia, misture a aveia, o polvilho doce, a farinha de arroz, o fermento biológico e a goma xantana.

Adicione a massa líquida sobre os ingredientes secos e mexa com uma colher de pau ou colher firme.

Você vai perceber que, após alguns instantes, a goma xantana começa a agir e deixa a massa mais grossa.

Transfira a massa para uma forma de pão untada e leve para um local quentinho da cozinha – uma dica é colocar dentro do forno de micro-ondas desligado junto com uma xícara de água quente, desta maneira criando um ambiente úmido e abafado, perfeito para a fermentação.

Deixe crescer até dobrar de volume (aproximadamente uma hora crescendo). Após 40 minutos de fermentação, preaqueça o forno a 180ºC. Quando o forno estiver aquecido e o pão tiver dobrado de volume, leve o pão de moranga para assar por aproximadamente 30 minutos.

Espere esfriar por completo antes de cortar para que não fique abatumado.

Peixe escondido

Não se assuste com a cerveja. No cozimento, o álcool deixa um toque de sabor extraordinário. Nessa receita, a dica "não deixe cozinhar demais" é fundamental.

Ingredientes
1kg de filé de peixe (pedaços médios)
1 litro de leite
5 colheres (sopa) de farinha de trigo
200g de queijo (pode ser tipo lanche ou prato, cortado em pedaços)
2 tabletes de caldo de peixe ou de camarão
500ml de cerveja branca
100g de queijo ralado
1 limão
pimenta-do-reino a gosto

Modo de preparo

Corte o peixe em pedaços médios e tempere com limão e pimenta-do-reino.

Em uma frigideira ampla, coloque a cerveja e em seguida o peixe. Deixe ferver até o peixe cozinhar. São só alguns minutos: fique de olho para não deixar cozinhar demais, é o tempo de deixá-lo branco. Retire o peixe da cerveja.

Bata no liquidificador o leite, a farinha de trigo, o queijo e os tabletes de caldo de peixe. Leve a mistura para o fogo em uma panela. Mexa até engrossar levemente. Desligue o fogo e reserve.

Coloque em um refratário uma camada do molho branco reservado, arrume os pedaços de peixe em cima, cubra com o restante do molho branco e, para finalizar, coloque queijo ralado. Leve ao forno preaquecido por no mínimo 30 minutos, ou até derreter bem o queijo.

Rocambole namorador

A misteriosa inventora desta receita garante: uma fatia é suficiente para o ex-namorado voltar correndo.

Ingredientes para o recheio
1 caixa de leite condensado
1 xícara de coco ralado (50g)
1 xícara de amendoim torrado e moído (ou castanhas, ou nozes)
1 colher (sopa) de manteiga

Ingredientes para o pão de ló
4 ovos
1 colher (cafezinho) de essência de baunilha
4 colheres (sopa) de açúcar
2 colheres (sopa) de farinha de trigo
2 colheres (sopa) de chocolate em pó (50% cacau)
1 colher (chá) de fermento em pó
1 colher (cafezinho) de bicarbonato de sódio
açúcar de confeiteiro para polvilhar

Modo de preparo
Em uma panela, misture o leite condensado, a manteiga, o coco e o amendoim. Deixe cozinhar até formar um

brigadeiro mole. Coloque em um prato e deixe esfriar até o momento de rechear o rocambole.

Na batedeira, coloque os ovos inteiros e bata em velocidade máxima. Acrescente o açúcar e a essência, batendo até ficar uma gemada fofa e volumosa. Retire da batedeira e acrescente a farinha de trigo, o chocolate em pó, o fermento e o bicarbonato de sódio peneirados. Misture delicadamente e coloque em uma forma retangular forrada com papel manteiga. Leve para assar por cerca de 15 minutos em forno preaquecido a 180°C.

Depois de assado, retire da forma, deixe amornar e coloque o recheio. Com a ajuda de papel manteiga, vá enrolando o rocambole.

Polvilhe açúcar de confeiteiro e sirva.

GUISADINHO DE LUXO

Essa receita é uma espécie de libertação: um prato extremamente saboroso, por vezes injustamente desprezado. Nessa reparação, até três boas colheradas de uísque entram no molho.

Ingredientes
3 dentes de alho
2 cebolas cortadas ao meio
150g de bacon
2 cenouras cortadas em pedaços
2 colheres (sopa) de óleo

1 colher (sopa) de açúcar mascavo
1 pitada de cravo em pó
½ colher (chá) de pimenta-da-jamaica em pó
500g de carne moída
400g de tomates picados
3 colheres (sopa) de molho inglês
3 colheres (sopa) de uísque
2 colheres (sopa) de açúcar mascavo
2 colheres (sopa) de extrato de tomate

Modo de preparo

Para começar o molho, coloque o alho, as cebolas, o bacon e as cenouras em um processador de alimentos até virar uma papa alaranjada.

Aqueça o óleo em uma panela de fundo grosso e acrescente os ingredientes processados. Cozinhe por 15 a 20 minutos em fogo baixo, mexendo de vez em quando até ficar macio.

Enquanto os legumes estiverem cozinhando, misture os ingredientes líquidos: molho inglês, uísque, extrato de tomate, os tomates devidamente processados no liquidificador e as 2 colheres de sopa de açúcar mascavo, tudo em uma jarra ou caneca.

Acrescente à panela dos legumes, cozinhando 1 colher de sopa de açúcar mascavo juntamente com o cravo e a pimenta-da-jamaica, e mexa. Então, adicione a carne moída, desfazendo-a com um garfo ou colher de madeira, mexendo até a carne começar a perder a cor de crua.

Adicione os ingredientes líquidos e misture suavemente com a carne. Coloque a tampa e abaixe o fogo. Deixe ferver por 25 a 30 minutos. Sirva o guisadinho de luxo com o pão mágico (receita a seguir).

Pão mágico

Fazer um pão com quatro ingredientes é a mágica desta receita.

Ingredientes
6 ovos
2 xícaras de leite em pó
1 colher (sopa) de fermento químico
sal a gosto

Modo de preparo

Em um recipiente, coloque os ovos e bata bem com um fouet até desfazer totalmente as claras.

Em seguida, adicione o leite em pó, o sal e o fermento, peneirando-os. Misture bem até dissolver os ingredientes por completo e obter uma massa homogênea, com consistência líquida.

Com a massa pronta, pegue pequenas porções com o auxílio de uma colher (sopa) e vá colocando em forminhas individuais.

Leve ao forno preaquecido a 180ºC por cerca de 10 minutos ou até os pães estarem crescidos, fofos e douradinhos!

Assim que estiverem prontos, basta retirar do forno e servir.

Batata turbinada

Os antigos, quando queriam afastar um indesejado, diziam: "vá plantar batata!". Esta receita é uma homenagem ao alimento que já salvou milhões de pessoas da fome no mundo inteiro, a nobre e saborosa batata.

Ingredientes

4 batatas médias, com casca
1 xícara de ricota fresca
½ xícara de iogurte natural desnatado
1 colher (sopa) de azeite
½ xícara de cebolinha-verde, cortada em rodelinhas
1 colher (chá) de tomilho
sal a gosto
pimenta-do-reino a gosto
4 colheres (chá) de queijo parmesão ralado
ramos de tomilho para decorar

Modo de preparo

Em uma assadeira, arrume as batatas e fure-as com um garfo. Leve ao forno moderado (180°C), preaquecido, por 1h30 ou até ficarem macias. Retire-as, mantendo o forno ligado, e espere amornar por 10 minutos. Com uma faca, corte uma tampa de cada uma das batatas. Com um boleador ou uma colher, remova a polpa, deixando as batatas com cerca de 0,5cm de espessura. Reserve-as na assadeira.

Em uma tigela, amasse a polpa das batatas com um garfo. Junte a ricota, o iogurte, o azeite e as ervas e misture até obter uma pasta homogênea. Tempere com sal e pimenta. Recheie as batatas com essa mistura e polvilhe com o parmesão. Volte ao forno por mais 30 minutos ou até que a superfície fique dourada. Decore com ramos de tomilho e sirva logo.

Super mousse de chocolate

Existem muitas mousses espalhadas por aí. Esta SUPER faz a diferença e vai te surpreender.

Ingredientes
6 gemas
6 claras
12 colheres (sopa) de açúcar
2 barras de chocolate meio amargo (200g)

Modo de preparo

Bata na batedeira as gemas com o açúcar. Quanto mais branca ficar a gemada, melhor.

Enquanto isso, leve a barra de chocolate para derreter no micro-ondas de 30 em 30 segundos.

Desligue a batedeira e coloque o chocolate derretido. Bata até ficar homogêneo e reserve.

Agora, é preciso bater as claras em neve. Deixe-as bem em neve.

Depois, incorpore a mistura de gemas com chocolate às claras em neve: misture com a mão, delicadamente, até ficar um creme bem homogêneo.

Ajeite em uma forma de bolo inglês forrada com filme plástico e leve para a geladeira por no mínimo de 3 a 4 horas.

Enfeite com chocolate granulado e sirva.

Chico balanceado

Um clássico da culinária brasileira, sempre uma boa sobremesa ou um lanche saboroso. Com todos os mistérios desvendados.

Ingredientes
3 gemas
1 lata de leite condensado
1 lata de leite (use a lata do leite condensado para medir)
1 colher (sopa) de amido de milho
1 colher (chá) de essência de baunilha
200g de açúcar (para o caramelo)
4 a 5 bananas maduras cortadas em rodelas
1 colher (sopa) de manteiga

Para a cobertura
3 claras
5 colheres (sopa) de açúcar

Modo de preparo

Em uma panela pequena, coloque o açúcar e derreta até obter um caramelo. Despeje o caramelo em um refratário e reserve.

Depois que o caramelo estiver frio, coloque rodelas de banana sobre o caramelo, cobrindo todo o fundo do refratário.

Em uma panela, coloque as gemas, o leite condensado, o leite e o amido de milho. Misture bem todos os ingredientes e cozinhe, mexendo sempre até engrossar.

Use o fouet (batedor de arame) – ele vai ajudar a dissolver qualquer grumo. Assim que o creme estiver espesso, adicione a essência de baunilha, desligue o fogo e reserve.

Enquanto o creme esfria um pouco, vamos preparar as claras em neve. Coloque as claras na batedeira e bata até que estejam bem firmes, adicionando 1 colher de açúcar por vez, batendo sempre.

Ligue o forno em temperatura média.

Despeje o creme amarelo sobre as bananas e cubra com as claras em neve. Você pode espalhar as claras usando uma espátula para alisar ou um bico de confeiteiro.

Leve para o forno por alguns minutos: a ideia é dourar ligeiramente as claras em neve. O tempo de forno pode variar – aqui em casa, levou menos de 10 minutos.

Leve a sobremesa para a geladeira; depois, é só servir.

Churrasco na pressão com carvão

Você, que adora fazer um churrasco, mas mora num apartamento: seus problemas acabaram.

Ingredientes
7 salsichões
1 pedaço de costela
1 pedaço de maminha
batatas-inglesas pequenas (pode ser com casca)
cebolas pequenas (pode ser com casca)
pimentões coloridos (verde, vermelho e amarelo)
sal grosso
shoyu

carvão
orégano
azeite

Modo de preparo

Tempere a carne com sal grosso e shoyu. Em seguida, forre o fundo da panela de pressão com papel alumínio (coloque duas folhas, de forma que o papel fique duplo), mas deixe com sobras. Depois, coloque o carvão e feche o pacote.

No contorno dentro da panela, acomode o salsichão; no centro da panela, acomode o pedaço de costela e a maminha. Por último, acrescente os pimentões coloridos, e as cebolas e batatas temperadas com azeite e orégano espetadas em um palito de madeira.

Feche a panela e ligue o fogo alto até pegar pressão. Depois, baixe o fogo e deixe na pressão durante 1 hora e meia. Após, tire a pressão – e está pronto.

Bolo de Páscoa

Um bolo de Páscoa, fácil de fazer, no capricho para a criançada. E para os adultos, que interagem nesta data adocicada.

Ingredientes
4 ovos
1 xícara de açúcar

1 xícara de chocolate em pó 50% cacau
¾ xícara de óleo
1 xícara de água
2 xícaras de farinha de trigo
1 colher (sopa) de fermento químico
manteiga, farinha e chocolate para untar e polvilhar

Para a calda de ganache
200g de chocolate meio amargo
¾ de xícara de creme de leite fresco

Modo de preparo

Em uma tigela, coloque a farinha, passando pela peneira.

Na batedeira, coloque o açúcar e o chocolate em pó, passando por uma peneira. Junte os ovos e o óleo.

Na velocidade baixa (para o chocolate subir), bata os ingredientes até que estejam bem misturados. Aumente a velocidade e bata por mais alguns minutos.

Diminua a velocidade novamente e, aos poucos, vá adicionando a água e a farinha reservada, alternadamente, batendo apenas para misturar.

Por último, adicione o fermento.

Preaqueça o forno a 180°C (temperatura média).

Unte uma forma redonda ou de pudim com manteiga, formando uma camada fina e uniforme.

Faça uma misturinha meio a meio de chocolate em pó e farinha, e polvilhe na forma toda. Desta maneira, o bolo não fica com aquela casquinha branca de farinha. Reserve.
Transfira a massa para a forma preparada e leve ao forno preaquecido para assar por 30 minutos, até que o palito saia limpo ao ser espetado no bolo.

Retire do forno e deixe esfriar por 15 minutos.

Coloque um prato de bolo sobre a forma e, com o auxílio de um pano de prato, vire de uma vez.

Somente quando o bolo estiver frio, divida em dois discos e recheie com duas latas de leite condensado cozido na panela de pressão ou doce de leite pronto.

Para a cobertura, derreta o chocolate em banho-maria e acrescente o creme de leite fresco. Cubra o bolo, enfeite-o e vá para o sacrifício.

Peixe na moranga

Moranga ou abóbora, como quiser chamar. São da mesma família, uma mais usada para o doce, e outra mais para receitas salgadas. Todas com nutrientes e um sabor inigualável.

Ingredientes
1 abóbora/moranga (3kg)
½ xícara de água
2 cubos (ou sachês) de caldo de legumes
500g de tomates bem maduros
1 vidro pequeno de leite de coco (200ml)
300g de filé de peixe picado

Modo de preparo
Em uma panela grande, coloque a moranga, cubra-a com água e cozinhe até que fique macia. Retire a moranga da

água, corte uma tampa na sua parte superior e remova as sementes e a polpa. Reserve a polpa.

Em uma panela média, ferva a água e dissolva os cubos de caldo de legumes. Junte os tomates liquidificados e cozinhe, com a panela parcialmente tampada, por 10 minutos – até o molho encorpar levemente.

Acrescente o leite de coco e o filé de peixe já cortado em pedaços e cozinhe por 5 minutos ou até o peixe ficar macio. Misture a polpa reservada, retire do fogo e disponha dentro da moranga. Sirva em seguida. Considere levar a moranga ao forno para aquecer e ficar quentinha na hora de servir

Frango enrolado

Um prato espetacular, feito em apenas uma hora. Com um preparo diferente, uma mistura de temperos experiente.

Ingredientes
1 cebola picada
2 dentes de alho picados
1 ovo
farinha de rosca (quanto baste)
1 tomate sem semente e sem a casca
1 ½ kg de carne de frango moída
sal a gosto
pimenta-do-reino a gosto
shoyu a gosto

Modo de preparo

Pique bem a cebola, os dentes de alho e o tomate sem as sementes e a casca.

Coloque a carne de frango moída em um recipiente. Junte o tomate picado, o sal, a pimenta, o alho, a cebola, o ovo, a farinha de rosca até o ponto suficiente e o shoyu. Misture e mexa bem até formar uma massa uniforme. Preaqueça o forno em temperatura média.

Arrume a massa em uma forma untada. Molde-a com as mãos no formato de um rocambole e lambuze com shoyu.

Leve ao forno e deixe cozinhar 1h coberto com papel alumínio e mais 30min sem o papel alumínio. Estará pronto quando a parte superior ficar dourada e a carne, cozida.

Cuca baiana

Clássico ingrediente baiano num clássico prato gaúcho.

Ingredientes
Para a massa
1 colher (sopa) de fermento biológico seco
2 colheres (sopa) de farinha de trigo
1 colher (sopa) de açúcar
½ xícara de leite morno
2 ovos
1 xícara de açúcar
3 colheres (sopa) de manteiga
1 pote de iogurte natural

1 colher (sopa) de essência de baunilha
½ colher (chá) de sal
3 ½ xícaras de farinha de trigo

Para a cobertura
6 xícaras de coco fresco ralado
2 xícaras de açúcar
½ xícara de água

Para a farofa
2 colheres (sopa) de manteiga
6 colheres (sopa) de açúcar
1 xícara de farinha de trigo

Modo de preparo

Para a cobertura de coco: leve ao fogo a água, o coco e o açúcar e deixe cozinhar até secar toda a água (isso leva uns 20 minutos). Reserve e deixe esfriar.

Para a farofa: em um recipiente, misture todos os ingredientes com a ponta dos dedos até obter uma farofa.

Para a massa da cuca: em um recipiente pequeno, misture os quatro primeiros ingredientes e deixe descansar por 10 minutos. Nesse tempo, o fermento irá reagir.

Na batedeira, adicione os ovos, a manteiga e bata com o açúcar até que a mistura dobre de volume. Acrescente a mistura de fermento e, na sequência, passe a acrescentar os outros ingredientes, batendo até obter uma mistura homogênea.

Forre uma assadeira com papel manteiga, unte o papel, despeje a massa e deixe crescer por 30 a 60 minutos.

Com a massa crescida, espalhe a cobertura de coco e, por cima, espalhe toda a farofa.

Leve a cuca ao forno preaquecido por uns 40 minutos – a superfície deve estar levemente douradinha.

Bolo caipira

Uma mágica feita com quase todos os ingredientes no liquidificador. Um resultado de comer rezando.

Ingredientes
3 ovos
½ xícara de óleo
1 xícara de açúcar
1 ½ xícara de flocão de milho
1 ½ xícara de leite
1 lata de milho verde escorrido
½ xícara de coco ralado
1 colher (sopa) de fermento químico
1 ½ pote de requeijão

Modo de preparo

Bata no liquidificador todos os ingredientes menos o fermento, que deverá ser colocado por último, batendo só para misturar.

Despeje em uma forma untada com manteiga e enfarinhada. Coloque o requeijão por cima da massa em colheradas e leve para assar por cerca de 40 minutos ou até que doure.

Espere amornar bem para desenformar.

Porquinho bêbado

Saborosos medalhões de carne suína, cobertos com um dos ingredientes preferidos do Anonymus.

Ingredientes
800g de lombinho de porco
1 cebola bem picada
1 tomate bem picado
½ xícara de extrato de tomate
200g de queijo fatiado
1 cálice de vinho tinto
farinha de trigo
limão
sal a gosto
óleo
pimenta-do-reino a gosto

Modo de preparo

Corte o lombinho em medalhões. Tempere-os com sal, pimenta e limão. Passe-os na farinha de trigo e leve-os para fritar com óleo em uma frigideira, virando de ambos os lados para fritar bem.

Quando os medalhões estiverem dourados, coloque a cebola e o tomate, o extrato de tomate e o vinho. Deixe o molho engrossar, em média uns 20 minutos.

Retire os medalhões e coloque em um refratário que possa ir ao forno.

Acrescente fatias de queijo por cima e leve ao forno para derreter o queijo.

Surpresa de atum

Um desafio aos amantes da torta mais esperada dos aniversários, com ingredientes saborosos e especiais.

Ingredientes
pão para torta fria
aproximadamente 500g de maionese
1 copo de requeijão
2 latas de atum (sem o óleo ou a água)
2 copos de iogurte natural
200g de pepinos em conserva picados
1 tomate sem sementes picado
leite
pimenta-do-reino a gosto
mostarda a gosto

Modo de preparo

Em uma tigela, misture delicadamente 1 colher de maionese, um pote de iogurte, o atum desfiado e 1 colher de sopa de mostarda. Reserve.

Em outra tigela, coloque 1 colher de sopa de maionese, o requeijão, metade de um pote de iogurte, pimenta-do-reino, os pepinos e os tomates picados.

Para a cobertura da surpresa de atum, coloque em uma tigela o restante da maionese, o restante do iogurte, um toque de mostarda e de pimenta-do-reino. Reserve.

Sobre o prato que levará à mesa, coloque uma fatia do pão, molhe com o leite e espalhe uma das misturas sobre ela, repetindo a operação com a outra mistura e assim por diante até o final o pão.

Cubra toda a surpresa de atum com a cobertura e decore como preferir.

Torta da mamãe

Uma homenagem às mães que facilmente, triturando biscoitos, deixam as sobremesas especiais.

Ingredientes
300g de biscoito de chocolate
80g de manteiga derretida
100g de chocolate meio amargo derretido
bombons Sonho de Valsa cortados ao meio
4 gemas
½ xícara de açúcar
2 colheres (sopa) de amido de milho
1 caixinha de leite condensado
½ xícara de leite
1 colher (chá) de essência de baunilha
1 pote de creme de leite fresco em ponto de chantili
bombons sem recheio picados

Modo de preparo

Triture os biscoitos, junte a manteiga derretida e o chocolate derretido e cubra o fundo de uma forma removível. Reserve na geladeira.

Disponha os bombons cortados ao meio ao redor da forma. Reserve.

Bata as 4 gemas com o açúcar até ficar uma mistura clara.

Junte o amido de milho, misture bem e reserve.

Em uma panela, junte o leite condensado, o leite e a essência de baunilha. Leve ao fogo até ferver.

Adicione o leite quente aos poucos na mistura de gema, mexendo sempre.

Volte para a panela em fogo baixo e cozinhe até engrossar, mexendo sempre. Reserve para esfriar.

Disponha na base da torta, junte o chantili e os bombons e leve para o freezer por 4 horas ou até firmar.

Arroz gambá

Delícia com frango, um adocicado especial, um tempero bem preparado, para um prato sensacional.

Ingredientes
2 ½ xícaras de arroz
600g de frango desossado picado (pode ser coxa, sobrecoxa ou peito)
2 latas de cerveja preta
1 pacote de creme de cebola
1 copo de suco de laranja
1 copo de caldo de frango
2 copos de água
1 copo de requeijão
2 colheres (chá) de açúcar
tempero verde

Modo de preparo
Corte o frango em cubos e leve ao fogo em uma panela com azeite. Deixe fritar por uns minutinhos e coloque o açúcar para ajudar a dourar o frango. Acrescente o suco, o creme de cebola, o caldo, 1 copo de água e a cerveja

preta. Misture bem para dissolver o creme de cebola. Deixe cozinhar por 5 minutos.

Acrescente o arroz. Deixe abrir a fervura, tampe a panela e espere por 25 minutos; durante esse tempo, adicione mais 1 copo de água e espere o arroz cozinhar.

Adicione o requeijão delicadamente. Tampe a panela por mais 5 minutos. Polvilhe tempero verde e está pronto!

Pudim três leites

Se pudim com um leite só é delicioso, imagine uma receita em que outros tipos se misturam.

Ingredientes
2 latas de leite condensado
2 ovos + 1 gema
300ml de leite integral
1 xícara de leite em pó
¾ xícara de creme de avelã
100g de creme de leite

Modo de preparo
No liquidificador, bata o leite condensado, os ovos, o leite e o leite em pó.

Disponha em uma forma de pudim, untada com manteiga e polvilhada com açúcar cristal, e asse em banho-maria em forno preaquecido a 180C por, aproximadamente, 1 hora.

Refrigerar por 3 horas.

Levar ao fogo baixo o creme de avelãs e o creme de leite até obter uma calda.

Cobrir o pudim com a calda e servir.

Entrevero

Um clássico da cozinha gaúcha, que já faz parte da vida dos gaudérios.

Ingredientes
200g de bacon picado
300g de peito de frango em cubos
3 salsichões em rodelas pequenas
500g de alcatra em cubos
2 cebolas grandes
2 tomates grandes
1 pimentão amarelo
1 pimentão vermelho
3 colheres (sopa) de azeite de oliva
orégano a gosto
pimenta-do-reino a gosto
farinha de trigo
shoyu
manteiga

Modo de preparo
Corte todos os ingredientes em cubos, menos o salsichão, que deve ser cortado em rodelas pequenas.

Aqueça o azeite de oliva e a manteiga em uma panela grande, adicione o bacon picado e deixe fritar.

Tempere o frango com orégano, sal e pimenta-do-reino. Na sequência, agregue o frango temperado. Adicione o salsichão.

Tempere a alcatra com farinha de trigo. Adicione à panela. Coloque a cebola, o tomate e os pimentões. Agregue um pouco de shoyu ao entrevero.

Deixe cozinhar até o molho encorpar. Para acompanhar, faça um arroz branco.

Bolo de bergamota

Uma tarde de sol, um bolo de fruta para acompanhar. Seria a bergamota a melhor amiga dos gaúchos?

Ingredientes
2 bergamotas
4 ovos
2 xícaras de açúcar
3 xícaras de farinha de trigo
1 colher (sopa) de fermento químico
½ xícara de óleo
½ xícara de leite

Para a cobertura
400g de chocolate branco derretido
gomos de bergamota

Modo de preparo

No liquidificador, bata as bergamotas com casca e sem sementes, as gemas, o óleo, o leite e o açúcar.

Peneire a farinha de trigo com o fermento e agregue ao conteúdo do liquidificador, misturando bem.

Bata as claras em neve firme e misture, delicadamente, com a massa.

Coloque a massa em forma untada e enfarinhada.

Leve ao forno preaquecido a 180ºC até que, ao enfiar um palito, ele saia limpo – em torno de 35 a 40 minutos.

Derreta o chocolate no micro-ondas de 30 em 30 segundos. Cubra todo o bolo com o chocolate e decore com gomos de bergamotas.

Vaca atolada

Um dos maiores clássicos em três décadas de Anonymus Gourmet, com ingredientes de fácil acesso para um resultado que agrada a todos.

Ingredientes
1kg de costela bovina
500g de mandioca em rodelas
2 cebolas médias picadas
2 dentes de alho picados
2 tomates grandes picados
3 colheres (sopa) de farinha de trigo

1 colher (sopa) de vinagre
água fervente
2 colheres (sopa) de óleo
folhas de salsinha fresca a gosto

Modo de preparo

Em uma tigela, tempere as costelas com sal, pimenta-do-reino e farinha de trigo. Reserve.

Em uma frigideira, aqueça o óleo e frite as costelas reservadas por cerca de 2 minutos de cada lado.

Leve uma panela de pressão com óleo ao fogo médio. Quando aquecer, refogue a cebola, o alho, junte os tomates, o vinagre e retorne as costelas, regando com 3 xícaras de água, de preferência fervente. Tampe a panela e, quando começar a apitar, conte 30 minutos.

Desligue o fogo e, quando toda a pressão sair, abra a panela. Junte a mandioca e complete com água. Deixe cozinhar por 30 minutos sem a pressão, mexendo de vez em quando para não queimar. Quando a mandioca estiver macia, está pronto.

Na hora de servir, salpique folhas de salsinha fresca.

BOLO DE CHOCOLATE SEM GLÚTEN

Esse bolo é uma homenagem ao grande contingente de pessoas que tem intolerância ou alegria ao glúten. Não perde em nada no sabor!

Ingredientes

5 ovos (claras e gemas separadas)
2 xícaras de açúcar
2 colheres (sopa) de manteiga
1 xícara de leite
½ xícara de cacau
cacau para polvilhar
1 colher (café) de bicarbonato de sódio
1 colher (sopa) de fermento químico
1 xícara de fécula de batata
1 xícara de farinha de arroz

Para a cobertura

½ xícara de leite
6 colheres (sopa) de açúcar
6 colheres (sopa) de chocolate em pó
2 colheres (sopa) de manteiga

Modo de preparo

Preaqueça o forno a 180°C. Unte uma assadeira com manteiga e polvilhe cacau em pó.

Bata as claras em neve e reserve. Coloque as gemas, o açúcar e a manteiga na tigela da batedeira e bata até obter um creme aerado e claro. Acrescente o leite e misture. Peneire a fécula de batata, a farinha de arroz e o cacau e misture até formar uma massa lisa e cremosa.

Adicione o bicarbonato e o fermento e misture mais um pouco, apenas o suficiente para incorporá-los à massa. Junte as claras em neve e misture delicadamente, fazendo movimentos de baixo para cima.

Asse por 30 a 35 minutos até dourar. Para saber se o bolo está pronto, enfie um palito no centro da massa. Se ele sair seco, desligue o forno. Deixe esfriar, protegido do vento, antes de colocar a cobertura.

Coloque todos os ingredientes da cobertura em uma panela pequena e leve ao fogo médio, mexendo sempre, até engrossar. Tome cuidado para não ferver. Despeje a cobertura sobre o bolo e polvilhe raspas de chocolate antes de servir.

Tatu coroado

É a consagração de um corte de carne muito saboroso, mas um pouco rígido. Essa característica pode ser amenizada com um batedor e alguns cortes superficiais feitos com faca afiadíssima.

Ingredientes
1 pedaço de carne bovina tipo lagarto (tatu) de cerca de 2kg
1 garrafa de vinho tinto
3 xícaras de suco de laranja
2 tomates grandes picados
3 cebolas grandes picadas
farinha de trigo
pimenta-do-reino moída na hora
sal a gosto
200g de bacon em fatias
200g de queijo tipo muçarela fatiado
2 colheres (sopa) de manteiga

Modo de preparo

Com o auxílio de um batedor de carne, "torture" o tatu com a ideia de a carne ficar macia.

Coloque o tatu em uma gamela e passe farinha por toda a peça de carne, que vai inteira à panela.

Em uma panela aquecida, coloque manteiga e o óleo e frite bem a carne, dourando-a uniformemente. A sugestão é que seja lagarto (ou tatu, como se diz no Rio Grande), mas pode ser outro corte firme.

Depois de dourada a carne, acrescente o sal, a pimenta-do-reino e a cebola para fritar. Adicione a seguir o tomate, o suco de laranja e o vinho. Tampe a panela e deixe cozinhar por cerca de 1h30. A carne vai ficar macia, e o molho espesso e atraente.

Frite as tiras de bacon e reserve em um prato com papel absorvente, para retirar o excesso de gordura.

Quando a carne estiver pronta, retire-a da panela, reservando o molho. Corte a carne em fendas transversais, sem separar as fatias.

Em cada fenda coloque uma fatia de muçarela e uma de bacon. Arrume tudo em uma assadeira e leve ao forno até derreter um pouco o queijo e o bacon.

Abóbora turbinada

Com um procedimento relativamente simples, a abóbora se transforma num manjar espetacular.

Ingredientes

½ kg de abóbora (bem madura)
200g de coco ralado fresco
½ kg de açúcar
1 canela em pau
1 ½ xícara de água

Modo de preparo

Coloque a abóbora descascada e sem sementes em uma panela, leve ao fogo com 1 e ½ xícara de água e cozinhe até desmanchar – aproximadamente de 20 a 30 minutos.

Com a abóbora cozida, junte o coco ralado, o açúcar e a canela, misture e torne a levar ao fogo para dar ponto.

Quando avistar o fundo da panela, o doce está pronto: arrume-o em compoteiras.

Gaita de forno

Surpreenda os convidados com essa receita saborosa e encantadora.

Ingredientes

3 xícaras de farinha de trigo
2 colheres (sopa) de açúcar
½ colher (chá) de sal
1 colher (sopa) de fermento biológico seco
100g de iogurte natural
¾ xícara de leite

2 colheres (sopa) de manteiga sem sal derretida
1 ovo
50g manteiga sem sal derretida para pincelar a massa
150g de queijo tipo muçarela em fatias
100g de presunto em fatias

Modo de preparo

Em um recipiente, peneire a farinha, acrescente o açúcar, o sal e o fermento.

Adicione o iogurte, o leite, a manteiga derretida, o ovo e misture bem.

Trabalhe a massa em uma superfície enfarinhada. Faça uma bola e deixe descansar até dobrar de tamanho.

Abra a massa em forma de um retângulo e corte quadrados de massa. Disponha um quadrado em uma forma de bolo inglês, pincele com manteiga e disponha uma camada de queijo e uma de presunto. Siga intercalando camadas de massa e de recheio até quase completar a forma, sempre intercalando com manteiga nos quadrados de massa.

Deixar um espaço para a massa crescer.

Deixar descansar por aproximadamente 20 minutos (ou até que preencha a forma) e asse em forno preaquecido a 180C por, aproximadamente, 20 minutos (ou até que esteja bem dourada).

Sirva quente.

Suflê de doce de leite

Receita simples e excelente, para variar o sabor da sobremesa com esse ingrediente especial.

Ingredientes
4 claras
1 pitada de sal
2 xícaras de doce de leite cremoso

Modo de preparo

Bata as claras com o sal até ficar bem firme.

Misture delicadamente com o doce de leite.

Distribua a massa em assadeiras individuais e leve ao forno preaquecido a 180°C por cerca de 15 a 20 minutos.

Sirva logo após sair do forno.

Linguicinha de festa

Com apenas quatro ingredientes, é possível fazer uma receita surpreendente, saborosa e visivelmente agradável.

Ingredientes
1kg de linguicinha
3 colheres (sopa) de óleo de gergelim
150g de mel
3 colheres (sopa) de shoyu

Modo de preparo

Separe as linguiças, se estiverem atadas, ou corte-as, se forem em tamanho maior, e arrume em uma assadeira grande e rasa.

Em um recipiente, agregue o óleo, o mel e o shoyu. Distribua sobre as linguiças e, com as mãos – ou um par de espátulas –, mexa tudo na assadeira antes de levar ao forno para que todas as linguiças fiquem cobertas pelo molho.

Um toque especial: em vez do óleo comum pode ser usado óleo de gergelim.

Asse em forno preaquecido a 180°C por 25 a 30 minutos – na metade do tempo, dê uma virada nas linguiças.

Bolo de inverno

Resultado mais do que extraordinário, fruto dessa combinação especial de ingredientes.

Ingredientes
1 xícara de açúcar mascavo
1 colher (sopa) de linhaça hidratada por 10 minutos em ½ xícara de água, até se formar um gel
1 pitada de sal
3 bananas maduras com casca
1 colher (chá) de canela em pó
¾ xícara de óleo de coco
1 xícara de aveia
1 xícara de farinha de arroz

1 colher (chá) de fermento químico
abacaxi em rodelas finas
1 xícara de açúcar mascavo
½ xícara de água

Modo de preparo

No liquidificador, bata o açúcar mascavo, a linhaça hidratada, o sal, as bananas com casca, a canela e o óleo de coco.

Em uma frigideira, coloque o açúcar mascavo e a água e deixe formar um caramelo, agregue as rodelas de abacaxi e deixe cozinhar por uns minutinhos. Deixe amornar e reserve.

Adicione a mistura de banana batida em um recipiente, junte os ingredientes secos e misture.

Em uma assadeira redonda de fundo removível, faça uma camada com rodelas de abacaxi caramelizado e coloque a massa por cima. Leve ao forno preaquecido a 180°C e asse por 45 minutos.

LOMBO DO REI

O nome da receita pode gerar desconforto na realeza, mas o lombo é de porco, e o sabor é extraordinário e digno de majestade.

Ingredientes
1kg de lombo de porco
1 cebola média picada

3 dentes de alho espremidos
cheiro-verde
1 folha de louro
1 colher (chá) de colorau
1 colher (chá) de molho de pimenta
3 xícaras de vinho branco seco
sal a gosto
óleo
manteiga
farinha de trigo

Modo de preparo

Tempere o lombo com todos os ingredientes, exceto o óleo. Deixe tomar gosto por 2 horas.

Reserve os temperos. Coloque o lombo em uma gamela e passe farinha de trigo por todo o pedaço.

Em uma panela, coloque a manteiga e o óleo, esquente bem e doure o lombo, virando-o para que tome cor por igual.

Acrescente os temperos reservados. Tampe a panela e deixe cozinhar em fogo médio por 1h, 1h30min, mexendo e virando a carne de vez em quando. O lombo deverá ficar bem corado e o molho, espesso.

Retire o excesso de gordura do molho que ficou na panela.

Coloque o molho obtido sobre o lombo ou, se preferir, coe e sirva em uma molheira.

Guarneça o lombo com batatas assadas.

Maçãs ao forno

A fruta do pecado sai do forno com sabor de redenção.

Ingredientes
3 maçãs fuji grandes em pedaços
suco de limão
1 xícara de farinha de trigo
1 xícara de açúcar mascavo
1 pitada de sal
1 colher de canela em pó
3 colheres (sopa) de manteiga

Modo de preparo

Arrume as maçãs, cortadas em fatias, no fundo de uma assadeira de vidro que possa ir ao forno (reserve 6 fatias para decorar).

Despeje por cima o suco de limão.

Misture a farinha de trigo com o açúcar mascavo, o sal, a canela em pó e a manteiga até ficar uma massa esfarelada, e espalhe essa massa sobre as maçãs.

Enfeite com as 6 fatias reservadas para isso, colocando-as como uma estrela no centro da assadeira.

Asse em forno moderado, por cerca de meia hora, até que fique tostada por cima. Sirva quente ou frio, como preferir, com creme chantili ou sem acompanhamento. De qualquer forma, é uma sobremesa muito gostosa.

Torta integral de atum

Um atum em lata é versátil e prático, salvando qualquer cozinheiro num momento de aperto.

Ingredientes
Para a massa
2 ovos
2 xícaras de farinha de trigo integral
1 xícara de leite
½ xícara de óleo
1 xícara de aveia fina
1 colher (sopa) de fermento químico
sal a gosto

Para o recheio
1 cebola picada
1 tomate picado
2 ovos cozidos picados
2 latas de atum natural ralado
cheiro-verde a gosto
sal a gosto
pimenta-do-reino a gosto

Modo de preparo

Coloque todos os ingredientes da massa no liquidificador (os ovos, o óleo, o leite, a aveia e a farinha) e bata tudo até ficar bem homogêneo.

Depois, acrescente uma pitada de sal e o fermento e mexa só para misturar a massa com o fermento.

Para o recheio, misture todos os ingredientes em uma tigela e mexa até se incorporarem.

Unte uma forma média com manteiga e polvilhe farinha de trigo. Coloque metade da massa, espalhe o recheio todo por ela, acrescente o restante da massa e polvilhe orégano por cima para dar um gostinho especial.

Leve ao forno médio por mais ou menos 30 a 40 minutos.

Tentação de coco

Depois de experimentar e repetir duas vezes, um amigo gourmet não se conteve: o nome está errado, deveria ser "Provocação de coco".

Ingredientes
8 ovos
1 ½ xícara de açúcar
3 xícaras de farinha de trigo peneirada
¾ xícara de leite morno
½ colher (sopa) de fermento em pó
100g de coco ralado fresco ou de sua preferência
2 potes de doce de leite

Para a calda de leite de coco
400ml de leite de coco
1 lata de leite condensado
1 xícara de leite

Modo de preparo
Para a calda de leite de coco, misture o leite de coco, o leite condensado e o leite em uma tigela. Reserve.

Para a massa, em uma batedeira coloque os ovos, o açúcar e bata em velocidade alta até dobrar de volume (mais ou menos 6 minutos). Desligue a batedeira e adicione aos poucos, alternando, a farinha de trigo peneirada e o leite morno. Misture bem e bata novamente na batedeira.

Desligue a batedeira e incorpore o fermento, misturando bem. Transfira para uma forma untada com manteiga e polvilhada com farinha de trigo e leve ao forno preaquecido a 180°C por 30 minutos.

Retire do forno, espere esfriar e, com uma faca, corte o bolo ao meio e reserve.

Forre a mesma assadeira usada para assar a massa com plástico, polvilhe metade do coco ralado e reserve.

Regue a calda de leite de coco na parte da massa oposta à que foi assada e coloque a parte úmida virada para baixo na assadeira forrada. Faça furos com um garfo e regue a calda de leite de coco.

Aqueça no micro-ondas o doce de leite por 30 segundos, distribua por toda a massa e reserve. Pegue a outra parte da massa, regue com a calda de leite de coco e coloque em cima do recheio de doce de leite com a parte úmida virada para baixo. Fure a massa com um garfo e regue com a calda, salpique mais 50g de coco ralado, feche o plástico e leve à geladeira por 12 horas.

Depois de 12 horas, retire da geladeira, descarte o plástico e sirva.

Bolo de chocolate com laranja

Procura-se o inventor dessa receita para premiá-lo. É uma combinação simples, que exalta o sabor dos dois ingredientes principais, produzindo um resultado incrível.

Ingredientes

150g de manteiga sem sal em temperatura ambiente, mais um pouco para untar a forma.
2 colheres (sopa) de melado de cana
1 ½ xícara de açúcar mascavo escuro
1 ½ xícara de farinha de trigo
1 colher (chá) de bicarbonato de sódio
2 colheres (sopa) de cacau em pó peneirado
2 ovos
casca e suco de 1 laranja

Modo de preparo

Preaqueça o forno a 170°C e forre uma forma de bolo inglês com papel manteiga.

Bata a manteiga em temperatura ambiente com o melado e o açúcar até obter um creme bem liso com cor de café ralo, embora o açúcar não perca completamente a granulosidade.

Em um recipiente, peneire a farinha, o bicarbonato e o cacau em pó, agregue e incorpore na mistura de melado, que ainda está com a batedeira ligada, 1 colher de sopa desses ingredientes secos e junte 1 ovo. Depois, acrescente mais algumas colheradas dos ingredientes secos antes de misturar o segundo ovo, intercalando com o suco de laranja também.

Continue incorporando os ingredientes secos, depois adicione, sem parar de bater, as cascas de laranja picadas.

Despeje a massa na forma preparada e asse por 30 a 40 minutos, mas verifique 5 minutos antes, e saiba que talvez precise ficar 5 minutos a mais. Um testador de bolos não vai sair totalmente limpo, pois o objetivo deste bolo, por mais leve que seja, é ficar um pouco pegajoso por dentro (úmido). Deixe esfriar por algum tempo na forma sobre uma grelha, depois desenforme com cuidado e deixe sobre a grelha para esfriar.

Dica: polvilhe açúcar de confeiteiro e raspas de casca de laranja.

Frango à marguerita

Receita que encanta pelo modo de preparo e pelo sabor extraordinário do resultado.

Ingredientes
4 bifes de peito de frango
sal a gosto
pimenta-do-reino a gosto
muçarela
1 tomate sem semente picado
folhas de manjericão
palitos
azeite de oliva

Modo de preparo

Coloque os bifes de frango em uma tábua, cubra com um saco plástico e, com a ajuda de um batedor, bata até os bifes se abrirem.

Tempere os bifes com azeite de oliva, sal e pimenta-do-reino. Recheie cada bife com muçarela, tomate picado sem semente e folhas de manjericão. Enrole, prenda com um palito e coloque em uma forma. Por cima dos bifes enrolados, coloque um fio de azeite de oliva e leve ao forno preaquecido por 30 minutos.

Retire do forno e cubra com muçarela, volte ao forno para gratinar e em seguida sirva.

Calzone do Anonymus

Como se fosse um grande pastel, de uma massa espetacular. Na modéstia do inventor, faltou dizer que o sabor é extraordinário.

Ingredientes
2 xícaras de farinha de trigo
1 colher (chá) de açúcar
1 colher (chá) de fermento em pó
1 colher (café) de sal
3 colheres (sopa) de azeite de oliva ou óleo de soja
2 colheres (sopa) de aguardente
cerca de 100ml de leite
1 gema batida para pincelar (use a clara para fechar o calzone)

Para o recheio
300g de calabresa defumada (moída ou picada)
150g de muçarela em cubinhos
50g de queijo gorgonzola picado
orégano

Modo de preparo

Em uma tigela, misture todos os ingredientes da massa na ordem indicada e amasse até obter uma mistura homogênea. Sove um pouco a massa, cubra-a e deixe repousar por 10 minutos na geladeira.

Abra a massa com um rolo sobre uma superfície enfarinhada até obter um disco de 0,5 cm de espessura. Passe o disco para uma forma de pizza grande untada e enfarinhada.

Espalhe a calabresa sobre a metade da massa, distribua sobre ela a muçarela e o gorgonzola e polvilhe orégano.

Pincele a borda com a clara e feche o calzone como se fosse um grande pastel, unindo as bordas como dobras. Pincele a superfície com a gema e asse em forno quente até dourar.

Cuca Nova York

Em dois meses em Nova York, não consegui saborear nada melhor do que esta merecida homenagem gaúcha àquela cidade extraordinária.

Ingredientes

2 ½ xícaras de farinha de trigo
½ xícara de açúcar
1 pitada de sal
2 colheres (chá) de fermento em pó
1 ovo
¾ xícara de leite
1 colher (chá) de essência de baunilha

Para a cobertura crocante

1 xícara de açúcar mascavo
2 xícaras de farinha de trigo
1 colher (chá) de canela em pó
1 xícara de manteiga derretida

Modo de preparo

Peneire juntos os ingredientes secos e junte o ovo com o leite e a essência, mexendo até incorporar bem.

Despeje a massa em uma forma retangular untada e enfarinhada e espalhe com uma espátula. Reserve.

Prepare o crocante: misture o açúcar, a farinha e a canela. Regue com a manteiga derretida e, com a ponta dos dedos, incorpore os ingredientes, fazendo uma espécie de farofa. Espalhe sobre a massa.

Asse em forno moderado (180°C) por aproximadamente 30 a 40 minutos ou até que, espetando o centro da massa com um palito, este saia limpo. Retire do forno e deixe esfriar antes de cortar.

Costelinhas de porco com
cebolas caramelizadas

As costelinhas de porco são muito saborosas ao natural. Nessa versão caramelizada, o resultado é simplesmente espetacular.

Ingredientes
azeite de oliva
manteiga
1kg de costelinhas de porco
4 dentes de alho, em fatias
ramos de tomilho
folhas de sálvia, grosseiramente picadas
sálvia seca
folhas de louro

Para as cebolas caramelizadas
4 cebolas grandes fatiadas
8 colheres (sopa) de açúcar mascavo
azeite a gosto
manteiga a gosto
sal a gosto
½ xícara de aceto balsâmico

Modo de preparo

Preaqueça o forno a 180°C. Aqueça azeite e manteiga em uma frigideira grande, coloque as costelinhas e frite-as rapidamente em fogo moderado, virando até ficarem douradas. Transfira as costelinhas para uma assadeira e tempere-as.

Salpique o alho, o tomilho e a sálvia, e coloque folhas de louro sobre as costelinhas. Reserve.

Refogue as cebolas no azeite e manteiga. Quando estiverem molinhas e translúcidas coloque o açúcar, sal e o aceto balsâmico. Abaixe o fogo e deixe lá até dourar bem bonito, mexendo de vez em quando. O ponto é quando estiver em textura de compota.

Espalhe as cebolas caramelizadas sobre as costelinhas já devidamente temperadas. Cubra com uma folha de papel alumínio e asse por 45 a 60 minutos.

Bolo romeu e julieta

Mais do que uma homenagem ao casal mais famoso da história, é uma saborosa sugestão para os pombinhos deste século.

Ingredientes
4 gemas
4 claras em neve
2 xícaras de açúcar
2 xícaras de farinha de arroz
2 colheres (sopa) de manteiga
100ml de leite
cubinhos de queijo minas passados na farinha de arroz
cubinhos de goiabada passados na farinha de arroz
1 colher (chá) de CMC[1] (opcional)
1 colher (sopa) de fermento em pó

---

1. A carboximetilcelulose (CMC) é utilizada na indústria de alimentos como espessante. (N.E.)

Modo de preparo

Preaqueça o forno a 180°C. Unte com manteiga uma forma de bolo com furo e polvilhe com a farinha de arroz.

Bata no liquidificador as 4 gemas, o açúcar, a farinha de arroz, a manteiga, o leite e o CMC, até formar uma massa homogênea.

Com uma espátula, misture o fermento em pó e as claras batidas em neve.

Despeje a mistura na forma com furo e, com as mãos, distribua os cubinhos de queijo e goiabada na superfície. Leve ao forno preaquecido para assar por 40 minutos ou até que, espetando um palito, ele saia limpo.

Deixe amornar, desenforme e sirva.

Dica: este bolo quentinho com sorvete e calda de goiabada quente fica uma delícia.

Torta turbinada de queijo

O nome não exagera. Os ingredientes são de um sabor e uma consistência extraordinários.

Ingredientes
1 ½ xícara de amido de milho
1 xícara de farinha de trigo
150g de manteiga
2 ovos

Para o recheio
50g de bacon
4 ovos
50g de manteiga
2 xícaras de leite
2 colheres (sopa) de maisena
100g de queijo ralado
400g de queijo picado (pode ser lanche ou prato)

Modo de preparo

Comece pela massa. Passe a farinha de trigo e a maisena por uma peneira e junte os 2 ovos. Misture. Acrescente a manteiga e coloque a mão na massa: é preciso deixá-la bem homogênea. Se necessário, acrescente mais um pouco de farinha de trigo. Quando a massa desgrudar das mãos, está pronta.

Abra a massa com o auxílio de um rolo de macarrão e arrume em uma forma, de preferência redonda com fundo removível, bem untada e enfarinhada. Cuide para forrar bem o fundo da forma e as laterais, até a metade da altura, mais ou menos.

Agora vamos ao recheio. Primeiro, leve o bacon para fritar em uma frigideira. Quando ele estiver levemente dourado, acrescente a manteiga, apenas o tempo de derretê-la, e então retire do fogo.

Em um recipiente, misture a maisena com o leite. Depois, junte os ovos. Bata-os levemente. Acrescente o queijo picado e o bacon frito com a manteiga.

Arrume o recheio no centro da massa. Cubra tudo com o queijo ralado, cubra com papel alumínio e leve ao forno preaquecido por, em média, 40 minutos ou até dourar de leve a parte de cima. Desenforme e sirva!

BROWNIE RECHEADO

Cuidado! Ouça o conselho iluminante das inventoras deste saboroso brownie: se assar demais, vira bolo.

Ingredientes
150g de chocolate meio amargo
200g de manteiga gelada cortada em cubos
2 xícaras de farinha de trigo
3 colheres (chá) de fermento em pó
1 xícara de castanha-do-pará picada grosseiramente
3 ovos
1 ½ xícara (chá) de açúcar mascavo
manteiga e farinha de trigo para untar e polvilhar

Modo de preparo

Preaqueça o forno a 180ºC (temperatura média) e unte uma assadeira retangular com manteiga.

Sobre uma tigela, passe a farinha e o fermento em pó pela peneira. Junte a castanha picada e misture bem para envolver cada pedaço com a farinha, assim as castanhas não descem para o fundo da forma na hora de assar.

Escolha uma tigela de vidro que encaixe direitinho sobre uma panela pequena para fazer o banho-maria. Coloque o chocolate e junte a manteiga em cubos.

Coloque dois dedos de água na panela e leve ao fogo alto. Encaixe a tigela com o chocolate e a manteiga sobre a panela. O segredo é não deixar o fundo da tigela encostar na água: o chocolate deve derreter com o calor do vapor para não queimar. Misture com uma espátula até o chocolate e a manteiga derreterem completamente. Retire a tigela do banho-maria e reserve.

Em uma batedeira, junte o açúcar mascavo e os ovos e bata em velocidade alta por cerca de 3 minutos ou até a mistura ficar bem fofa e aerada. Desligue e retire a tigela da batedeira. Acrescente, aos poucos, o chocolate com a manteiga derretida e misture com uma espátula.

Adicione, em etapas, a mistura de farinha, fermento e castanhas, mexendo delicadamente com a espátula. Transfira a massa do brownie para a assadeira untada.

Leve ao forno preaquecido para assar por cerca de 15 minutos. A massa ainda deve estar úmida quando sair do forno. Se assar demais, vira bolo, e não brownie. A aparência deve ser a de um bolo ligeiramente cru. Deixe esfriar e sirva com merengue.

Aipim de festa

O aipim como prato principal, somente nesta versão super saborosa.

Ingredientes da massa
500g de aipim cozido
1 caixa de creme de leite
sal a gosto
2 ovos (claras e gemas separadas)
1 gema para pincelar

Para o refogado
óleo

1 cebola picada
1 dente de alho
1 talo de alho-poró
300g de frango desfiado
sal a gosto

Modo de preparo

Amasse o aipim, acrescente o creme de leite, sal a gosto e as gemas.

Bata as duas claras em neve e misture delicadamente.

Recheio de frango: em uma frigideira, coloque o óleo, o dente de alho e o frango já desfiado. Adicione a cebola, o alho-poró e o sal. Faça um refogado seco.

Na forma reservada, adicione uma camada de massa, coloque o recheio e cubra com o restante da massa, pincelando com a gema.

Levar ao forno preaquecido a 180°C por 20 a 30 minutos.

Trança de maçã

Receita com muitos truques, todos desvendados para você.

Ingredientes
Para a esponja
1 colher (sopa) de fermento biológico seco
1 xícara de leite morno
1 colher (sopa) de açúcar
2 colheres (sopa) de farinha de trigo

Para a massa
2 ovos
½ colher (sopa) de manteiga
1 xícara de leite morno
2 ½ colheres (sopa) de açúcar
¼ xícara de óleo
500g de farinha de trigo
1 pitada de sal

Para o recheio
½ litro de leite
4 gemas
4 colheres (sopa) de amido de milho
5 colheres (sopa) de açúcar
1 colher (chá) de essência de baunilha
3 maçãs
½ xícara de açúcar mascavo
1 pitada de canela
suco de 1 limão
100g de nozes picadas

Para a manteiga de mel
100g manteiga
50g mel

Modo de preparo

Para a esponja: em um recipiente, coloque o fermento, 1 colher de açúcar, 2 colheres de farinha de trigo e 1 xícara de leite morno, misturando tudo até formar uma papinha. Cubra com papel alumínio e deixe descansar em um lugar quentinho até dobrar de volume, por aproximadamente 15 minutos. Vai formar uma esponja de fermento.

Para a massa: coloque a farinha de trigo em um recipiente e adicione os ovos, o óleo, o leite, o açúcar e a manteiga. Misture e incorpore a esponja do fermento reservado. Com a ajuda de uma colher, misture todos os ingredientes até homogeneizar. Sove a massa e reserve.

Para o recheio: misture todos os ingredientes, leve ao fogo e mexa sempre com um fouet até engrossar.

Para as maçãs: corte-as em cubos e cozinhe até ficarem al dente com a canela e o açúcar mascavo. Misture o suco de um limão e reserve.

Para a manteiga de mel: misture tudo, faça a manteiga no formato desejado e leve à geladeira para endurecer ou sirva em temperatura ambiente.

Para a montagem: abra a massa e coloque o recheio no meio. Primeiro, o creme confeiteiro, as maçãs por cima e depois as nozes. Feche como uma trança, passe ovo por cima e asse até dourar. Quando assado, passe geleia de brilho e enfeite com fondant, fazendo zigue-zagues.

Sirva com a manteiga de mel e enfeite com maçãs.

Torta de arroz

Uma receita para aproveitar o que tem na geladeira, um saboroso preparo do nosso arroz do dia a dia.

Ingredientes

Para a massa

4 xícaras de arroz cozido
1 xícara de queijo parmesão ralado
½ xícara de queijo provolone ralado
4 colheres (sopa) de cream cheese

Para o recheio

½ xícara de linguicinha
4 colheres (sopa) de azeite
1 cebola pequena cortada em cubos
1 dente de alho picado
1 tomate sem sementes picado
½ lata de milho verde
1 cenoura pequena picada e cozida
½ pimentão vermelho cortado em cubos
1 berinjela pequena cortada em cubos
1 abobrinha pequena cortada em cubos
sal a gosto
pimenta-do-reino a gosto
salsa picada
vinagre

Modo de preparo

Em uma tigela, misture o arroz e os queijos. Então, forre o fundo e as laterais de uma forma com aro removível, untada com óleo. Com as mãos umedecidas com água, pressione o arroz para moldar bem. Asse em forno preaquecido a 180°C durante 20 minutos, ou até dourar bem.

Para o recheio, coloque a berinjela de molho na água com vinagre por 10 minutos. Em uma panela, aqueça o azeite, doure a linguicinha, o alho e a cebola. Junte o tomate, o pimentão, a cenoura, o milho verde, a salsa e a abobrinha. Escorra a água da berinjela e adicione à panela. Refogue até a berinjela ficar bem macia. Tempere com o sal e a pimenta. Refogue por mais 5 minutos, desligue o fogo e coloque sobre a torta. Então, sirva a torta quente ou fria.

Bolo de travessa

Um bolo espetacular, com ingredientes especiais, um passo a passo fácil e um resultado divino.

Ingredientes
Para o pão de ló
4 ovos
150g de farinha de trigo (peneirada)
150g de açúcar

Para o recheio
2 latas de leite condensado
2 colheres (sopa) de manteiga
2 colheres (sopa) de leite em pó
1 caixinha (200g) de creme de leite
1 pacote (12g) de gelatina incolor e sem sabor
400g de morangos limpos cortados ao meio

Para o merengue
3 claras
¾ xícara de açúcar

Modo de preparo

Para o pão de ló, bata os ovos na batedeira até espumarem. Acrescente o açúcar incorporando ar até que a massa "escreva". Adicione a farinha peneirada de baixo para cima e coloque em uma travessa untada e enfarinhada.

Leve ao forno preaquecido a 180ºC por 20 minutos. Reserve enquanto prepara o creme.

Em uma panela, leve ao fogo médio o leite condensado, a manteiga e o leite em pó. Mexa sempre até começar a desgrudar da panela.

Junte o creme de leite e deixe cozinhar mais um pouco, sempre mexendo para que fique em uma consistência firme. Adicione a gelatina incolor e sem sabor preparada conforme informações da embalagem. Reserve para esfriar.

Misture os morangos ao creme já frio e disponha sobre o bolo na travessa. Reserve.

Para o merengue, bata as claras em neve – quando as claras estiverem branquinhas, adicione o açúcar aos poucos, sempre batendo até obter picos firmes.

Finalize a torta com o merengue, doure com o auxílio de um maçarico ou leve ao forno preaquecido a 180ºC por, aproximadamente, 5 minutos.

Rolo de coco

Os rolos de coco são versáteis: brilham num lanche ou numa festa.

Ingredientes

2 tabletes de fermento para pão ou 2 sachês
5 colheres (sopa) de açúcar
2 xícaras de leite morno
3 ovos
1 colher (sopa) de manteiga
¼ xícara de óleo
1kg de farinha de trigo

Para o recheio

200g de manteiga
2 xícaras de açúcar
300g de coco ralado fresco

Para a calda

2 xícaras de leite
1 xícara de açúcar

Modo de preparo

Misture os 3 primeiros ingredientes e depois adicione os ovos, a manteiga e o óleo. Por fim, peneire a farinha de trigo e agregue até que desgrude das mãos.

Deixe descansar por 30 minutos. Enquanto isso, faça o recheio: leve ao fogo uma panela e coloque a manteiga, o açúcar e o coco ralado, misturando tudo até virar um creme. Abra metade da massa com um rolo de macarrão. Coloque a metade do recheio, espalhe bem e enrole a massa como rocambole.

Corte as fatias, coloque-as em formas untadas com manteiga e farinha e leve ao forno por aproximadamente 15 a 20 minutos ou até dourar. Ferva o leite e o açúcar. Com as fatias prontas e ainda quentes, jogue a calda por cima.

Se desejar, faça uma calda de açúcar de confeiteiro com leite e decore os rolos de coco. Delícia de receita para o café da tarde.

Carreteiro do rei

Um dos cardápios fundamentais do gaúcho, como se sabe, é o carreteiro. Esta receita é de um prato muito especial, com requintes surpreendentes.

Ingredientes
2 colheres (sopa) de óleo
1 colher (sopa) de manteiga
70g bacon em cubos
150g linguiça fina calabresa picada
300g charque picado
½ cebola picada
1 dente de alho picado
1 tomate picado
2 xícaras de arroz
pimenta-do-reino moída na hora a gosto
suco de ½ limão
4 xícaras de água
½ xícara de salsinha fresca

Modo de preparo
Leve uma chaleira com um pouco mais de 4 xícaras de água ao fogo baixo. Em uma panela grande, aqueça o óleo

e a manteiga em fogo médio. Doure o bacon, a linguiça calabresa e o charque por alguns minutos, mexendo de vez em quando.

Junte o alho, a cebola, o suco de limão e o tomate. Adicione a pimenta-do-reino moída e o arroz, misture e mexa bem.

Antes de começar a grudar no fundo da panela, meça 4 xícaras de água fervente e regue o arroz. Misture bem, raspando o fundo com a colher de pau, e tampe parcialmente a panela.

Deixe cozinhar até que o arroz absorva toda a água, por cerca de 20 minutos – para verificar se a água secou, fure o arroz com um garfo para ver o fundo da panela; se ainda estiver molhado, deixe cozinhar mais um pouco.

Desligue o fogo e mantenha a panela tampada por 5 minutos para que o arroz termine de cozinhar no próprio vapor.

Sirva a seguir com salsinha picada.

Sonhos assados

O nome poético tem razão de ser para um preparado muito saboroso, que precisa ser assado para ficar perfeito.

Ingredientes
¾ xícara de leite morno
2 xícaras de farinha de trigo
2 sachês de fermento biológico seco
1 ovo

3 gemas
2 colheres (sopa) de manteiga
1 pitada de sal
2 colheres (sopa) de açúcar
1 colher (chá) de essência de baunilha

Para o recheio de creme
1 litro de leite
½ xícara de açúcar
1 pitada de sal
1 colher (chá) de essência de baunilha
½ xícara de açúcar
3 colheres (sopa) de amido de milho
3 gemas
2 ovos
3 colheres (sopa) de manteiga

Modo de preparo

Para a massa: em uma tigela, peneire a farinha e adicione o restante dos ingredientes: o açúcar, o sal, o fermento, a manteiga, a essência de baunilha, as gemas, o ovo inteiro e o leite morno. Misture todos os ingredientes até obter uma massa em ponto de véu. Coloque farinha na bancada e sove um pouco a massa.

Deixe a massa descansar por 30 minutos ou até dobrar de tamanho.

Volte com a massa para a bancada e sove mais um pouco para retirar o ar.

Modele porções da massa, coloque em uma assadeira untada e polvilhada com farinha, dando distância de 3cm entre os sonhos, e deixe fermentar até dobrar de volume.

Asse em forno médio a 180ºC, preaquecido, até dourar.

Reserve.

Para o recheio, em uma panela grande coloque o leite, ½ xícara de açúcar, a essência de baunilha, o sal, misture bem e aqueça até ferver.

À parte, misture as gemas, os ovos, o açúcar e o amido de milho e mexa bem. Junte a manteiga e misture este creme ao leite fervido, mexendo até obter um creme aveludado. Peneire a mistura e cubra com plástico filme, fazendo com que este fique colado sobre a mistura, evitando o aparecimento de película no creme. Deixe esfriar.

Para a montagem, corte os sonhos ao meio, mas sem separá-los. Coloque uma porção do recheio e polvilhe a receita de sonho com açúcar de confeiteiro.

Mousse vapt-vupt

Esta receita faz parte daquele elenco de sobremesas de grande efeito que não têm grandes dificuldades na preparação em seus três principais movimentos: (1) creme de leite no micro-ondas; (2) chocolate picado e o creme de leite aquecido no liquidificador; (3) raspas de chocolate e 2 horas de geladeira antes de servir.

Ingredientes
2 caixinhas de creme de leite (400g)
300g de chocolate meio amargo picado
1 colher (sopa) de manteiga sem sal (ponto de pasta)

Modo de preparo

Aqueça o creme de leite no micro-ondas por 2 minutos.

Leve o chocolate picado ao liquidificador e agregue o creme de leite aquecido, batendo por 1 minuto até ficar bem cremoso. Sem desligar o liquidificador, adicione a manteiga.

Distribua a mousse em copinhos de sobremesa ou em uma travessa. Para finalizar, coloque raspas de chocolate e leve à geladeira por 2 horas.

Pescado na travessa

O pulo do gato é temperar os filés de peixe com sal, pimenta e limão e dar um tempo (15 minutos). Depois, segue o barco com o passo a passo da receita.

Ingredientes
1kg de filé de peixe branco
sal a gosto
pimenta-do-reino a gosto
limão
1 xícara de amido de milho
1 xícara de farinha de trigo + 2 colheres (sopa)
azeite de oliva para fritar
2 colheres (sopa) de manteiga
500ml de leite
noz-moscada
3 tomates em rodelas

½ xícara de azeitona preta
3 batatas rosa cortadas em rodelas finas
½ xícara de queijo ralado
tomilho a gosto

Modo de preparo

Tempere os filés de peixe com sal, pimenta-do-reino e suco de limão.

Misture o amido e a farinha de trigo.

Passe os filés de peixe na mistura de amido e farinha de trigo e frite-os em uma frigideira quente com azeite de oliva. Reserve.

Em uma panelinha, derreta a manteiga, junte 2 colheres de sopa de farinha de trigo e mexa sem parar.

Adicione o leite e mexa até ficar consistente.

Tempere com sal e noz-moscada e reserve.

Unte uma forma refratária, disponha os filés de peixe, as rodelas de tomate, tempere com sal e pimenta-do-reino, azeitonas e tomilho.

Disponha as batatas, o molho bechamel e o queijo ralado.

Leve ao forno a 180ºC por 30 minutos.

Pão de milho sem glúten

Uma receita democrática, pois todos podem apreciar esse pãozinho sem medo de ser feliz e ainda agrada o pessoal que foge do glúten.

Ingredientes

100g de fubá
100ml de óleo
150g de farinha de arroz
1 colher (sopa) de polvilho doce
3 ovos
1 colher (sobremesa) de fermento biológico seco
½ colher (chá) de sal
1 colher (sopa) de açúcar
½ xícara de leite
1 colher (chá) de CMC
1 colher (sobremesa) de vinagre de maçã
½ colher (chá) de erva-doce
1 gema para pincelar

Modo de preparo

Bata os ingredientes no liquidificador por 3 minutos, exceto a farinha de arroz e o fubá.

Em um recipiente, coloque a mistura do liquidificador e polvilhe a farinha de arroz, o fubá e misture bem.

Unte uma forma de bolo inglês com manteiga e fubá, coloque a massa e pincele com a gema. Deixe descansar a massa por 30 minutos.

Preaqueça o forno a 180°C e asse o pão por 30 a 40 minutos.

Argolinhas de limão

Você pode se consagrar com essas argolinhas... Para momentos como aquele café da tarde em que vais receber a visita da tua tia querida, ter como acompanhamento essas argolinhas de limão certamente vai encantar.

Ingredientes
2 ovos
½ xícara de açúcar
¼ xícara de leite
¼ xícara de óleo
1 martelinho de cachaça
500g de farinha de trigo (com fermento)
raspas de 2 limões
óleo para fritar
açúcar e canela para polvilhar

Modo de preparo

Na batedeira, bata os ovos com o açúcar e adicione o leite, o óleo, a cachaça e as raspas de limão. Bata bem até ficar homogêneo.

Desligue a batedeira, adicione a farinha de trigo peneirada e comece a mexer a massa com a ajuda das mãos. A massa estará pronta quando não estiver mais grudando nas mãos.

Faça argolinhas que irão ser fritas em óleo quente. Depois de fritas, passe-as no açúcar com canela.

Bolo de cerveja preta

É bom avisar que este bolo tem apenas 1 e ½ xícara de cerveja preta diluída num total de 13 ingredientes: a cerveja, nessa proporção, dá um sabor notável e... não embriaga ninguém.

Ingredientes
1 ½ xícara de farinha de trigo
1 xícara de cacau em pó
1 colher (chá) de sal
½ colher (chá) de fermento em pó
1 ½ colher (chá) de bicarbonato de sódio
1 ½ xícara de cerveja preta
1 colher (sopa) de essência de baunilha
1 colher (sopa) de café solúvel
1 xícara de manteiga em temperatura ambiente
1 ½ xícara de açúcar
3 ovos
½ xícara de maionese
90g de chocolate meio amargo picado

Modo de preparo

Preaqueça o forno em 180°C. Unte uma forma com manteiga e cacau.

Em um recipiente, peneire a farinha, o cacau, o sal, o bicarbonato e o fermento. Reserve.

Na batedeira, bata a manteiga com o açúcar até ficar com uma textura fofa e pálida. Incorpore os ovos um de cada vez e depois adicione a maionese. Bata tudo até ficar cremoso e leve.

Adicione a essa mistura metade dos ingredientes líquidos e metade dos secos, mexendo até tudo se incorporar.

Depois, adicione a outra metade de cada um e mexa até ficar uma massa homogênea.

Por último, adicione os pedaços de chocolate meio amargo à massa, misturando delicadamente. Coloque a massa na forma e asse por 35 a 40 minutos a 180°C.

Pão de canela

Esse pão saboroso, além de agradar a veteranos e veteranas da cozinha, é muito simples de preparar para aquelas e aqueles que estão dando os primeiros passos na descoberta dos encantos mágicos da cozinha.

Ingredientes
1 ¾ xícara de farinha de trigo
⅓ xícara de açúcar
2 colheres (chá) de canela em pó
½ colher (chá) de sal
3 colheres (chá) de fermento em pó
10 colheres (sopa) de leite
¼ xícara de manteiga

Para a cobertura
2 colheres (sopa) de açúcar cristal
1 colher (chá) de canela em pó
leite para pincelar

Modo de preparo

Peneire a farinha de trigo, o açúcar, o fermento, o sal e a canela. Misture e adicione a manteiga em temperatura ambiente e o leite. Mexa até ficar uma massa homogênea.

Coloque a massa em uma forma untada com manteiga e enfarinhada, pincele com o leite e acrescente açúcar cristal e canela.

Leve para assar em forno médio (180°C) por aproximadamente 30 minutos.

Pizza de frigideira

Aquela sexta-feira à noite, você olha para a cozinha e ela olha para você. Ao abrir a geladeira, a brilhante ideia de uma pizza. E assim, na ausência do forno a lenha, faz-se uma pizza no calor da frigideira.

Ingredientes
100g de bacon em cubos
150g de calabresa em fatias (cortar a fatia ao meio, tipo meia-lua)
½ cebola cortada em fatias
1 tomate picado sem sementes
2 colheres (sopa) de extrato de tomate
sal a gosto
pimenta-do-reino
½ colher (chá) de orégano
1 ovo

1 xícara de leite
¼ xícara de óleo
¾ xícara de farinha de trigo
1 colher (sopa) de amido de milho
1 colher (chá) de fermento em pó
100g de queijo muçarela ralado
200g de requeijão
salsinha a gosto

Modo de preparo

Aqueça uma frigideira e refogue o bacon.

Adicione a calabresa, refogue bem e junte a cebola.

Quando a cebola estiver transparente, junte o tomate e o extrato de tomate.

Corrija o sal, tempere com pimenta e orégano e deixe cozinhar por 5 minutos ou até formar um molhinho espesso.

No liquidificador, bata o ovo, o leite, o azeite, a farinha, o amido de milho e uma pitada de sal.

Junte o fermento e misture rapidamente utilizando a função pulsar do liquidificador.

Aqueça uma frigideira em fogo médio, unte com azeite e despeje a massa. Cozinhe em fogo baixo por uns 5 minutos.

Espalhe o recheio, polvilhe o queijo muçarela e disponha colheradas de requeijão pela torta.

Tampe e espere o queijo derreter.

Finalize com salsinha e sirva.

Picolé de frutas

Essa receita, como dizia um velho professor, "embaraça pela simplicidade". Encanta pelo sabor maravilhoso! E tem uma vantagem extraordinária: você escolhe os ingredientes.

Ingredientes
2 xícaras de frutas picadas de sua preferência (morango, kiwi, manga e uva)
suco de laranja natural ou água de coco

Modo de preparo
Pegue as frutas picadas escolhidas e pique no tamanho que desejar.

Coloque as frutas picadas nas formas de picolé e acrescente a água de coco ou o suco de laranja até cobrir os recipientes.

Leve para o freezer, espere congelar e sirva.

Delícia de Páscoa

A chance de você virar um coelhão ou uma coelhinha. Acreditar faz parte da magia da Páscoa.

Ingredientes
Para a massa
1 xícara de farinha de trigo

1 xícara de açúcar
½ xícara de leite morno
3 colheres (sopa) de chocolate em pó 50% cacau
2 colheres (sopa) de manteiga derretida
1 colher (sopa) de fermento químico em pó

Para a calda
3 xícaras de água quente
1 xícara de açúcar
5 colheres (sopa) de chocolate em pó 50% cacau

Modo de preparo

Prepare a massa batendo o açúcar com a manteiga derretida. Acrescente o leite morno, a farinha e os demais ingredientes. Reserve.

Enquanto isso, prepare a calda. Coloque em um prato refratário a água quente, o açúcar e o chocolate em pó. Misture para que fique uniforme. A seguir, pingue colheradas da massa nesta calda. Leve ao forno previamente aquecido em temperatura média por mais ou menos meia hora. Sirva quente com sorvete de creme.

BRIGADEIRO GOURMET

Se existe sobremesa melhor para uma tarde ociosa, não é de conhecimento do Anonymus. Agrada crianças e adultos, estudantes e professores, quase uma unanimidade.

Ingredientes

1 caixa de leite condensado
1 colher (sopa) de manteiga
1 barra de chocolate meio amargo

Modo de preparo

Em uma panela, leve ao fogo baixo o leite condensado com o chocolate meio amargo e a manteiga.

Cozinhe, mexendo sempre, até obter consistência de brigadeiro (que consiga ver o fundo da panela).

Retire do fogo, coloque em um prato e deixe esfriar.

Distribua em colheres plásticas ou como preferir. Decore com confeitos.

AMENDOIM CRI-CRI

Esta receita faz o maior sucesso, pois serve para animar um aniversário, o intervalo de uma reunião, um encontro com amigos ou com a pessoa amada, de preferência numa noite de chuva ou de inverno, perto do fogo.

Ingredientes

500g de amendoim
500g de açúcar
3 xícaras de água
1 colher (café) de bicarbonato de sódio
1 colher (sopa) de chocolate em pó

(Sugestão: coloque o amendoim em um recipiente para medir o açúcar e a água no mesmo recipiente. Leve ao fogo em panela de preferência com fundo grosso.)

Modo de preparo

Coloque os 3 primeiros para ferver. Deixar ferver bastante até que a calda fique bem grossa, no ponto de começar a secar. Acrescente o bicarbonato e o chocolate e misture bastante, dará uma espumada e secará totalmente, ficando uma farofa. Deixe o fundo da panela começar a caramelar e vá virando bem até que todos os amendoins fiquem envolvidos e mais escuros. Tire da panela e coloque em uma forma grande para separá-los rapidamente. Deixe esfriar. Guarde em vidro bem fechado. É uma delícia.

Tentação de morango

O morango é uma fruta enigmática. Cru, perde longe de uma laranja-do-céu ou de uma boa bergamota. Mas envolva-o numa mistura amável, envolva-o numa mistura agradável com açúcar, creme de leite e, como se não bastasse... suspiros! A "tentação" do nome não é exagero...

Ingredientes
Para o creme (base)
1 lata de leite condensado
600ml de leite
1 colher (sopa) de farinha de trigo

3 gemas
1 caixa de creme de leite

Para a montagem
4 caixas de morangos
2 caixas de creme de leite
1 pacote de suspiros

Para a calda
3 caixas de morangos
1 xícara de açúcar

Modo de preparo

Para a calda, leve ao fogo os morangos com açúcar e deixe ferver até chegar ao ponto de calda.

Para a tentação, misture todos os ingredientes, exceto o creme de leite, e leve ao fogo até engrossar, mexendo sempre. Desligue o fogo e acrescente o creme de leite. Coloque em um refratário grande, cubra com plástico filme para não criar "película", e leve para a geladeira.

Corte os morangos, coloque sobre o creme, quebre os suspiros e sobreponha aos morangos. Espalhe as duas caixas de creme de leite sobre os suspiros e depois cubra com a calda de morangos

Bolo caramelado

Essa receita, afora a essência de baunilha e abacaxi, só tem ingredientes fáceis que, possivelmente, você tem em casa. A dica preciosa da receita deve ser levada a sério: não deixe o bolo esfriar, pois fica difícil desenformar. O maior perigo é o caramelo: quando esfria, endurece, fica vítreo.

Ingredientes
Para o bolo
1 abacaxi cortado em rodelas
2 ½ xícaras de farinha de trigo
1 ½ xícara de açúcar
3 ovos
¾ de xícara de leite (180ml)
1 colher (chá) de essência de baunilha
1 colher (sopa) de fermento em pó
2 colheres (sopa) de manteiga

Para o caramelo
2 xícaras de açúcar

Modo de preparo

Para o caramelo, coloque o açúcar em uma panela e misture bem. Leve a panela ao fogo médio e não mexa mais. Deixe até a calda virar um caramelo. E coloque em uma forma de aro removível.

Cuidadosamente, acomode o abacaxi na forma caramelada. Reserve.

Na batedeira, coloque o açúcar, os ovos, a essência de baunilha e a manteiga, batendo tudo muito bem. Em seguida, adicione o leite e misture mais um pouco.

Acrescente a farinha de trigo peneirada e misture até ficar bem homogêneo.

Por último, adicione o fermento e misture delicadamente. Despeje essa massa na forma em que estão os abacaxis.

Espalhe a massa e depois leve para assar em forno preaquecido, 180ºC, por aproximadamente 45 minutos.

Retire do forno, espere 5 minutos e desenforme o bolo.

Dica: passe uma faquinha nas laterais para ajudar e não deixe o bolo esfriar, pois fica difícil desenformar.

Sorvete de luxo

Grande parte da graça e do sabor desta receita é a incorporação do doce de leite na massa, que deve ser feita com certa displicência, sem misturar completamente: esse cuidado dá a este sorvete aquele toque artesanal... Os vestígios da mão humana...

Ingredientes
2 xícaras de creme de leite fresco, gelado
1 lata de leite condensado
2 colheres (sopa) de chocolate em pó 50% cacau
1 xícara de doce de leite

Modo de preparo
Na batedeira, bata o creme de leite fresco até virar chantili.

Adicione o leite condensado e o cacau em pó e bata até ficar homogêneo.

Incorpore o doce de leite à massa sem misturar completamente.

Coloque a mistura em um recipiente para congelar, no freezer, por 4 horas no mínimo.

Brownie gourmet

Os cozinheiros de Nova York que se cuidem. Depois dessa receita, não será preciso voar milhas para matar a vontade de comer um brownie.

Ingredientes
400g de açúcar refinado
200g de açúcar mascavo
4 ovos
200g de manteiga derretida
300g de farinha de trigo
120g de cacau em pó
150g de chocolate meio amargo picado (ou gotas de chocolate)
½ lata de leite condensado

Modo de preparo
Preaqueça o forno a 180ºC e unte e forre uma forma de 20cm x 20cm com papel manteiga.

Na batedeira, coloque os ovos e o açúcar juntos e bata até engrossar. Adicione a manteiga derretida, a farinha de trigo e o cacau em pó e misture.

Coloque ⅓ da massa na forma e espalhe com uma colher – mantenha o centro mais baixo do que as bordas para colocar o leite condensado.

Acrescente metade do chocolate picado e asse por 5 minutos até a parte superior do brownie formar uma crosta.

Retire do forno e coloque mais ⅓ da massa do brownie em torno dos lados da forma.

Preencha o buraco do meio da forma com o leite condensado, acrescente o resto da massa de brownie por cima e o restante do chocolate picado.

Asse por 25 a 30 minutos em forno a 180ºC.

Deixe esfriar e corte em pedaços para servir.

Picolé caseiro

Nada de sair pelas ruas atrás de um picolé. Faça essa receita e tenha a dois passos do seu sofá aquele companheiro gelado para ajudar a passar o calor.

Ingredientes
2 caixas de creme de leite
1 colher (sopa) cheia de cacau em pó
100ml de leite de coco
essência de baunilha a gosto
2 colheres (sopa) de açúcar

Modo de preparo
Bata o creme de leite na batedeira por 7 minutos.

Em seguida, acrescente o cacau em pó e bata novamente.

Acrescente o leite de coco, a essência de baunilha e o açúcar. Bata novamente para ficar homogêneo. Para facilitar, coloque a mistura em uma jarra e assim preencha as forminhas. Leve ao freezer por cerca de 4 horas ou de um dia para o outro.

Revirado de banana

Mais uma forma de transformar bananas e leite condensado num sabor especial. Combinação que não tem como dar errado, já virou um clássico do Anonymus.

Ingredientes
6 bananas maduras
1 lata de leite condensado
4 gemas
1 xícara de leite
óleo para untar o refratário

Para a calda
2 xícaras de açúcar
1 xícara de água

Para a merengada
4 claras
1 lata de creme de leite
12 colheres (sopa) de açúcar
canela em pó

Modo de preparo

Comece untando um refratário médio. Descasque as bananas, corte-as em metades e as metades em lascas, arrumando-as no refratário, que deve estar untado com óleo. Coloque o açúcar em uma panela e leve ao fogo baixo até que derreta e se transforme em um caramelo. Quando isso acontecer, adicione a água. Deixe ferver até formar uma calda líquida e uniforme. Despeje metade da calda em cima das bananas, espalhando bem. Misture o leite condensado, as gemas e o leite em uma panela e leve ao fogo, mexendo sempre até engrossar. Com o creme pronto, espalhe em cima das bananas, no refratário, e cubra com o restante da calda de açúcar. Leve ao forno preaquecido por 20 minutos. Enquanto isso, vamos preparar uma merengada diferente. Misture as claras com o açúcar. Leve ao forno de micro-ondas por 1 minuto e meio. A ideia é esquentar as claras, mas sem cozinhar: só o tempo de ficarem quentes. Leve direto para a batedeira e bata, em velocidade alta, até formar uma merengada consistente, cerca de 5 minutos. Retire da batedeira e acrescente o creme de leite (sem soro) delicadamente. Chegou o momento de revirar as bananas. Retire o refratário do forno e, ainda bem quente, misture a merengada com creme de leite até ficar uniforme. Cubra com canela em pó. Pode ser servido morno ainda. Também pode ser levado à geladeira e servido gelado.

Arroz da china pressionada

Clássico que volta renovado depois de três décadas de Anonymus Gourmet. A vantagem dessa receita é que você pode acrescentar ou suprimir ingredientes livremente, enriquecendo a ideia de um prato fácil de fazer e, especialmente, fácil de gostar.

Ingredientes
2 colheres de óleo
1 cebola picada
1 dente de alho picado
4 batatas cortadas em rodelas
2 xícaras de arroz cru
2 tomates sem pele e sem sementes picado
2 pernas de linguiça calabresa defumada grossa cortada em rodelas
1 perna de linguiça calabresa fina cortada em rodelas
tempero verde picado
1 unidade de caldo de carne
3 xícaras de água fria
queijo ralado

Modo de preparo

Na panela de pressão aberta, indo ao fogo: óleo, cebola picada e o dente de alho. Refogue até que a cebola fique transparente.

Retire a panela do fogo e coloque os ingredientes na panela de pressão na seguinte ordem, em camadas: batatas, linguiça calabresa fina, linguiça calabresa grossa, arroz, tomate, tempero verde, caldo de carne e água.

Tampe a panela de pressão e leve ao fogo.

Quando a panela começar a chiar, abaixe o fogo para médio e conte 5 minutos.

Depois, apague o fogo e deixe a pressão sair todinha. Não force a saída da pressão, pois esse tempo com a pressão desligada é necessário para a finalização da receita.

No final, depois da pressão sair ao natural, abra a panela e arrume o arroz da china pressionada num refratário, polvilhando queijo ralado e servindo acompanhado por uma boa salada.

Bifão italiano

Este prato é uma homenagem à valorosa e simpática colônia italiana no Rio Grande do Sul e tem um toque de saudade: foi criado durante uma longa estadia do Anonymus Gourmet na Itália, onde trabalhou como jornalista, a serviço de jornais brasileiros.

Ingredientes
500g de carne moída
1 ovo
pimenta moída a gosto
sal a gosto
2 a 3 colheres (sopa) de shoyu
2 colheres (sopa) de farinha de trigo
2 copos de molho de tomate
200g de queijo fatiado
100g de presunto
1 cebola picada

Modo de preparo

Você pode usar o molho de tomate pronto. Bata no liquidificador 3 tomates, 1 cebola, 1 copo de caldo de carne, 3 colheres (sopa) de massa de tomate e 1 colher (sopa) de farinha de trigo. Leve para uma panela e deixe ferver com a tampa até mudar de cor, o molho ficará bem vermelho.

Vamos ao bifão. Misture a carne moída, o ovo, a pimenta, o sal, o shoyu e a farinha de trigo. Com as mãos, mexa bem até obter uma massa homogênea. Arrume em uma forma redonda (pode untar com óleo antes), forma para pizza. Leve ao forno preaquecido por 25 minutos ou até assar bem a carne.

Com a massa de carne pronta, retire do forno, espalhe o molho de tomate e cubra com o queijo em fatias e o presunto e mais o molho de tomate para finalizar. Retorne ao forno por 15 minutos ou até dourar levemente. Sirva em seguida. Pode acompanhar arroz e salada.

Costela ao molho de laranja

Uma das receitas campeãs do Anonymus Gourmet, que já transformou muitos comilões esforçados em cozinheiros respeitados. Essa receita, como muitas outras do Anonymus, não é produto de um receituário rígido: permite a "intervenção" do cozinheiro. O bacon e a pimenta-do-reino brilham!

Ingredientes

1 ½ kg de costela magra
1 cebola grande em pedaços
3 tomates em pedaços
2 cenouras pequenas em pedaços
1 copo de vinho branco
250ml de suco de laranja
100g de bacon bem picadinho
1 colher (sopa) de manteiga
1 colher (sopa) de shoyu
1 colher (sopa) bem cheia de farinha de trigo
1 pitada de sal
1 pitada de pimenta-do-reino

Modo de preparo

Corte a costela entre os ossos e coloque em um prato para temperá-la com shoyu e vinho. Reserve.

Em seguida, em uma panela já no fogo, frite o bacon com um pouco de óleo e manteiga. Adicione a costela cortada em pedaços e deixe selar em todos os lados, virando os pedaços. Enquanto isso, bata no liquidificador a cebola, as cenouras, os tomates, a pimenta, o sal, a farinha com suco de laranja, formando a base do molho. Acrescente este molho à panela onde os pedaços de costela já estão refogados. Misture bem. Quando o molho iniciar a fervura, abaixe o fogo e deixe cozinhar por aproximadamente 90 a 120min, até a costela ficar macia e o molho ficar bem homogêneo. Hora do sacrifício! Para acompanhar, fica a sugestão de um aipim manteiga ou até mesmo um arroz branco!

Cuquinha gaúcha

Esta é uma daquelas receitas fáceis, mas, além disso, de grande presença. E vale também por servir de excelente acompanhamento num encontro entre amigos. Ao retirar do forno, o resultado surpreende pelo aspecto e pelo sabor.

Ingredientes

3 ovos
1 ½ xícara de açúcar
½ xícara de óleo
½ xícara de leite
4 xícaras de farinha de trigo
3 colheres (chá) de fermento químico
1 pote de doce de leite
50g de manteiga cortada em cubinhos
1 pitada de sal
1 colher (chá) de canela em pó

Modo de preparo

No liquidificador, bata os ovos, 1 xícara de açúcar, o óleo e o leite.

Disponha em uma tigela e adicione 3 xícaras de farinha de trigo. Misture bem.

Incorpore 2 colheres de chá de fermento químico.

Disponha a mistura em duas formas untadas e enfarinhadas.

Disponha colheradas de doce de leite sobre a mistura. Reserve.

Em uma tigela, disponha o restante da farinha de trigo (1 xícara), o restante do açúcar (½ xícara), a manteiga, uma pitada de sal, a canela em pó e o restante de fermento (1 colher de chá).

Agregue todos os ingredientes amassando com a ponta dos dedos até formar uma farofa.

Cubra a mistura das formas com a farofa.

Leve ao forno preaquecido a 180ºC e asse por 30 minutos

Pão de leite condensado

Um dos alimentos mais antigos do mundo, com um dos ingredientes mais amados dos consumidores. O que esperar dessa mistura mágica? Para saber, basta seguir a receita.

Ingredientes
1kg de farinha de trigo
4 ovos em temperatura ambiente
1 xícara de leite
½ xícara de óleo
2 envelopes ou 2 colheres (sopa) de fermento biológico seco
1 lata de leite condensado

Modo de preparo
Primeiro, bata no liquidificador os ovos, o leite, o óleo e o leite condensado.

Em um recipiente, coloque a mistura do liquidificador e aos poucos acrescente a farinha, peneirando-a. Após, adicione o fermento. Com uma das mãos, misture tudo muito bem. Se a massa ficar muito líquida, acrescente um pouco mais de farinha. Se ficar muito seca, acrescente um pouco mais de leite. A massa deve desgrudar das mãos e ficar bem uniforme.

Depois, divida a massa em três pedaços e coloque em uma forma retangular para pão untada e enfarinhada.

Deixe os pães descansando por 30 minutos. Pincele uma gema de ovo por cima de cada um e leve-os ao forno preaquecido por, em média, 40 minutos.

Pão rústico

Poucos ingredientes, misturados de uma forma inusitada. De um dia para o outro, a transformação em forma de pão.

Ingredientes
2 xícaras de farinha de trigo
1 xícara de farinha de trigo integral
1 colher (sopa) de fermento para pão
1 colher (cafezinho) de sal
2 colheres (cafezinho) de açúcar
1 ½ xícara de água
reserva de farinha de trigo para sovar a massa após 12 horas.

Modo de preparo
Misturar bem todos os ingredientes numa vasilha e deixar descansar por 12 horas, protegido por plástico-filme.

Após 12 horas, sovar a massa com mais um pouco de farinha, com a quantidade necessária até a massa soltar das mãos; depois modelar em forma de um pão arredondado para colocar dentro de uma panela de ferro, ou qualquer outra panela de fundo grosso e com tampa, que possa ir ao forno. Enfarinhar a panela.

Preaquecer o forno com o máximo da potência. Colocar a massa modelada na panela, fazer uns cortes na parte de cima e tampar a panela.

Levar ao forno a panela com tampa e deixar aproximadamente 40 minutos, assando o pão com a panela tampada. Após, abra o forno e retire a tampa da panela, deixando no forno mais 15 minutos ou até dourar o pão.

GALINHA DOURADA

Esta receita é surpreendente, transformando a carne de galinha num prato de luxo. Além disso, é muito simples, em quatro passos.

Ingredientes
700g de carne de galinha (pode ser sobrecoxa ou peito, cortada em iscas)
1 cebola (sem casca e picada)
1 copo de caldo de galinha (dissolva 1 tablete de caldo de galinha em 1 copo de água quente)
2 latas de milho (não jogue fora a água que vem com o milho em lata)
1 copo de leite
1 copo de requeijão
2 colheres (sopa) de farinha de trigo

fatias de queijo (a quantidade depende do tamanho da panela, use de preferência um queijo que derreta)

Modo de preparo

Numa panela, com um pouco de azeite, acrescente a carne de galinha. Deixe-a dourar por todos os lados e adicione a cebola picada. Misture e espere alguns minutos.

Acrescente o caldo de galinha, mexa e baixe o fogo.

Enquanto isso, bata no liquidificador o milho com a água que vem na lata, o leite, o requeijão e a farinha de trigo. Leve essa mistura para a panela e misture tudo muito bem. Deixe abrir a fervura e cozinhe por uns minutos. Quando o molho estiver bem amarelo, acerte o sal e cubra tudo com fatias de queijo.

Tampe a panela e espere o queijo derreter. Sirva em seguida com uma salada verde e arroz.

Torta de pão

Desafio para quem acha que o pão serve somente para fazer sanduíche. Com este passo a passo, essa receita vai te surpreender.

Ingredientes
1 embalagem de pão de forma (500g)
molho de tomate
1/2 pote de requeijão (dissolvido com um pouco de leite morno)

200g de presunto magro fatiado
300g de muçarela fatiada
1 cebola cortada em rodelas finas
1 tomate cortado em rodelas finas
orégano
gema de ovo para pincelar

Modo de preparo

Unte uma forma de fundo removível com óleo.

Cubra as laterais e o fundo com pão de forma (se preferir, retire a casca).

Faça camadas:

1. passe molho de tomate no pão

2. requeijão

3. presunto

4. muçarela

5. tomates

6. cebolas

Faça camadas nessa ordem até preencher a forma (pão, molho de tomate, requeijão, presunto, muçarela, tomate, cebolas…). A última camada deve ser de muçarela (capriche um pouquinho mais nessa camada). Coloque um pouco de requeijão nas bordas para fazer o fechamento da torta e finalize com orégano. Pincele a gema por cima antes de levar ao forno.

Leve ao forno preaquecido a 180ºC por 15 minutos, ou até perceber que está dourado.

Ambrosia de forno

Uma das mais tradicionais sobremesas de domingo, feita de um jeito prático e sem frescuras.

Ingredientes
6 ovos
3 xícaras de açúcar
suco de 1 limão
1 litro de leite
1 xícara de água
4 cravos-da-índia
2 pauzinhos de canela

Modo de preparo

Em uma tigela, bata os ovos com o suco de limão. À parte, misture o leite com o açúcar. Depois, misture os ovos com o leite e o açúcar. Unte um prato refratário grande com manteiga e coloque a mistura.

Acrescente os cravos e a canela. Espalhe bem. Leve ao forno em temperatura média, mexendo de vez em quando com uma colher de pau. Cozinhe até que fique bem dourado por cima. Depois, retire do forno, coloque em um prato bem bonito, deixe esfriar e enfeite com tirinhas de limão e canela. Eu, naturalmente, pulo a parte do deixe esfriar. Para mim, ambrosia tem que ser quente! Ao sacrifício!

Arroz piamontese

Um clássico da cozinha italiana diretamente para a mesa da família brasileira. Desvendamos todos os mistérios dessa receita deliciosa.

Ingredientes
Para o arroz
2 xícaras de arroz (cru)
3 xícaras de água
½ cebola picadinha

Para o molho
250g de cogumelos (picados)
100g de queijo parmesão ralado
1 pote de nata (creme de leite fresco batido)
2 xícaras de leite
1 colher (sopa) de amido de milho

Modo de preparo

Primeiro, vamos preparar o arroz. Você pode fazê-lo da sua preferência. O Anonymus gosta dele bem temperado, então vamos fritar o arroz em óleo com a cebola picadinha e, depois de frito, acrescentar 3 xícaras de água. Tempere com sal a gosto, deixe levantar a fervura e cozinhe até reduzir a água, baixando o fogo. Logo desligue o fogo, deixando cozinhar o arroz com a panela tampada. Reserve.

Vamos preparar o molho: em fogo baixo, adicione na panela ou caçarola o leite, a maisena, o sal e a pimenta a gosto. Após acrescente os cogumelos, a nata e o queijo.

Corra para a hora do sacrifício.

Torta de marido

Prova a competência dos maridos cozinheiros.

Ingredientes
400g de bolacha maria
200g de manteiga
1 lata de leite condensado
1 ½ xícara de chocolate em pó
3 ovos
½ barra de chocolate meio amargo

Modo de preparo

Coloque as bolachas dentro de um pano e feche bem. Bata com a mão ou use um martelo de carne para quebrar as bolachas. Não é preciso triturá-las, apenas quebrar. Quando terminar, coloque-as de lado.

Coloque na batedeira a manteiga, o leite condensado, o chocolate em pó e os ovos. Bata bem, até o creme ficar homogêneo, durante 5 minutos.

Pegue os pedaços de bolachas e misture no creme com uma colher. Reserve um pouquinho de bolachas quebradas para a finalização da torta. Arrume tudo em forma de fundo removível bem untada. Raspe meia barra de chocolate meio amargo por cima e leve à geladeira por, no mínimo, 3 horas. O ideal é deixar de um dia para o outro, 24h gelando.

Quindão de chocolate

Para os amantes do chocolate, esta inesperada sobremesa de ovos vai surpreender com o seu resultado. Um doce extraordinário.

Ingredientes
2 latas de leite condensado
4 colheres (sopa) de margarina
6 ovos inteiros
200ml de leite de coco
7 colheres (sopa) de achocolatado em pó

Modo de preparo

Comece untando uma forma de pudim (com um cone no meio). Use uma das colheres de margarina. Espalhe-a bem por todos os cantos da forma com a ajuda de um guardanapo de papel.

Com a forma bem untada, espalhe uma das colheres de achocolatado em pó. A ideia é cobrir as laterais do cone com o achocolatado.

No liquidificador, bata o leite condensado, as 3 colheres de margarina, os ovos (clara e gema), o leite de coco e as 6 colheres de achocolatado.

Com a mistura homogênea, despeje-a na forma.

Tampe a forma e arrume-a dentro de uma panela com um pouco de água. Leve ao fogo, em banho-maria, com fogo forte, por aproximadamente 1h30. Comece a contar o tempo depois de abrir a fervura.

Deixe esfriar naturalmente e desenforme o quindão diretamente no prato em que for servir.

Dica do Anonymus: antes de levar para a mesa, enfeite o quindão com coco ralado. O contraste com o preto do chocolate fica fantástico. Sirva em seguida ou leve para a geladeira e sirva gelado.

Polenta do rei

Digno de um banquete na Corte da Inglaterra, essa encantadora combinação de sabores aquece a alma.

Ingredientes
300g de carne moída
300g de linguiça
2 tomates
1 cebola
3 colheres de massa de tomate
2 colheres de manteiga
2 xícaras de farinha de milho especial para polenta
50g de queijo ralado
200g de queijo fatiado
400g de queijo ralado grosso
9 xícaras de água

Modo de preparo
Comece pelo recheio: em uma frigideira com azeite de oliva, faça um refogado com a linguiça desmanchada, a carne moída, a cebola, o tomate picadinho e a massa de tomate. Quando a linguiça e a carne estiverem bem cozidas, desligue o fogo.

Prepare agora a polenta, que deve ficar bem mole. Coloque para ferver numa panela 7 xícaras de água. Numa vasilha com 2 xícaras de água fria, coloque a farinha de milho e misture. Quando a água na panela estiver fervendo, coloque a farinha misturada com a água fria. Misture. Deixe cozinhar, mexendo sempre. Um pouco antes de abrir a fervura novamente, coloque a manteiga e o queijo ralado. Misture bem. Pronto o refogado, pronta a polenta, é hora de finalizar. Num refratário ou forma de servir, use metade da polenta mole para forrar o recipiente. Por cima, coloque as fatias de queijo, fazendo uma "base", e sobre ela derrame o refogado de carne com linguiça. Cubra com o restante da polenta. Por cima de tudo, espalhe o queijo ralado grosso e sirva em seguida.

Carreteiro de charque

A cozinha gaúcha tem seus mistérios e suas especialidades. Esta receita é um best-seller nas coxilhas e nas mesas do Rio Grande do Sul.

Ingredientes
500g de charque dessalgado
2 xícaras de arroz-cateto
1 litro de água
1 cebola picada em meias-luas
1 dente de alho picado
azeite

sal e pimenta a gosto
tempero verde

Modo de preparo

Primeiro, é necessário dessalgar o charque. Nossa dica é dar uma primeira lavada no charque e depois deixá-lo de molho durante uma noite. Após, retire a água e coloque mais uma vez de molho, por algumas horas. Depois coloque o charque na panela de pressão com aproximadamente 1 litro de água, ou até cobrir com sobra o charque na panela. Deixe na pressão por aproximadamente 20 minutos (após a panela pegar a pressão). Reserve a água da pressão.

Deixe o charque escorrer com a ajuda de uma peneira até ele ficar bem sequinho. Após, coloque ele para fritar até quase pegar no fundo da panela – aquele douradinho no fundo da panela. Quando a carne estiver bem douradinha, acrescente a cebola e o alho e refogue. Quando estiver tudo bem refogado, acrescente o arroz e dê uma fritada. Em seguida, acrescente 3 xícaras de água, ou até cobrir o conteúdo da panela, pode ser a água do cozimento do charque na pressão. Quando o arroz estiver cozido, corrija o sal, se necessário, coloque o tempero verde e parta para o sacrifício.

Ameixas nevadas

Uma invenção do Anonymus inspirada numa sobremesa tradicional. Três etapas mágicas que te levam ao paraíso do sabor.

Ingredientes
Para o creme de ovos
6 gemas
1 litro de leite
3 colheres de amido de milho
1 colher (sopa) de manteiga
4 colheres (sopa) de açúcar

Para as ameixas
500g de ameixas pretas secas sem caroço
3 xícaras de água
4 colheres (sopa) de açúcar

Para a merengada
6 claras
12 colheres (sopa) de açúcar

Modo de preparo

Comece pelas ameixas. Deixe-as de molho na água por alguns minutos. Depois, coloque-as com a água em uma panela e misture as 4 colheres de açúcar. Leve ao fogo, mexendo sempre. Quando abrir fervura, espere mais alguns minutos e estará pronto. As ameixas devem ficar com um pouco de calda.

Para fazer o creme de ovos, misture as gemas com o amido de milho e um pouco de leite. Passe tudo por uma peneira para dentro de uma panela. Acrescente o restante do leite, a manteiga e o açúcar. Mexendo sempre, deixe engrossar em fogo baixo. O creme ficará bem amarelo, quase um mingau.

Agora, a merengada. Bata as claras em neve. Quando estiverem bem firmes, acrescente as 12 colheres de açúcar, batendo sempre. São mais 5 minutos de batedeira até formar a merengada.

Agora, a montagem das ameixas nevadas. Distribua o creme de ovos no fundo de um refratário grande. Por cima, as ameixas com a calda. Espalhe com cuidado para que fiquem por todo o refratário. Depois, misture levemente as ameixas com o creme. Para finalizar, entra a merengada. Espalhe-a bem. Leve ao forno preaquecido por, em média, 10 minutos, o tempo suficiente para dourar a merengada. Sirva quente ou espere amornar e leve para a geladeira. Uma delícia.

Torta de calabresa

Surpreenda com esta torta, que não tem mistério e brilha entre os convidados.

Ingredientes
Para a massa
3 ovos
2 xícaras de leite
3 xícaras de farinha de trigo
½ xícara de óleo
1 caixa de creme de leite
50g queijo ralado
1 colher de fermento químico
1 pitada de sal

Para o recheio
1 ½ linguiça calabresa
50g queijo parmesão ralado

Modo de preparo

Comece pelo recheio: retire a pele da linguiça e triture no liquidificador. Quando ela estiver bem triturada, acrescente o queijo ralado. Reserve.

No liquidificador, coloque os ingredientes da massa, que são os ovos, a farinha, o óleo, o leite, o queijo ralado, o creme de leite, o sal e o fermento. Bata tudo até ficar uma massa homogênea.

Em uma forma untada e enfarinhada, vamos montar da seguinte maneira: 1ª camada de massa, 2ª camada de recheio, 3ª camada de massa, 4ª camada de recheio e finalizar com uma 5ª camada de massa.

Leve para assar em forno preaquecido a 180C por aproximadamente 45min, fazendo o teste do palito.

Risoto campeiro

O ponto de partida é aproveitar as diversas variedades arrozeiras do Rio Grande para elaborar um prato consagrado da cozinha internacional. Essa tentativa é bem-sucedida, resultando num prato especial.

Ingredientes
1 dente de alho pequeno

1 cebola média picada
50g queijo parmesão
salsinha picada
200g de creme de leite (1 caixinha)
200ml de vinho branco (1 cálice)
1 ½ litro de caldo de legumes
2 xícaras de arroz gaúcho
300g de linguiça calabresa picada

Modo de preparo

Frite a linguiça sem óleo.

Acrescente o alho picado e, logo em seguida, o arroz.

Coloque o vinho branco e deixe evaporar.

Vá adicionando aos poucos o caldo de legumes.

Cozinhe até o arroz soltar todo o amido e ficar al dente.

Acrescente o creme de leite e o parmesão, emulsionando em todo o risoto. Finalize com salsinha picada.

Pudim de doce de leite

Esta receita é ótima para variar o sabor do pudim. A sugestão é escolher um doce de leite de confiança. A diferença aparece na famosa "hora do sacrifício" (quando Anonymus experimenta o resultado do trabalho na cozinha).

Ingredientes
1 ½ copo de açúcar
1 ½ copo de leite

400g de doce de leite
4 ovos

Modo de preparo

Coloque o açúcar dentro de uma forma de pudim, aquelas com um cone no centro. Leve ao fogo forte, cuidando para derreter, mas não queimar o açúcar. Quando estiver na cor caramelo e totalmente derretido, desligue o fogo. Espalhe o caramelo pelas laterais e pelo cone. Pronto, a forma está caramelizada.

No liquidificador

Bata o leite, o doce de leite e os ovos (claras e gemas).

Arrume a mistura na forma caramelizada e tampe.

Coloque a forma de pudim dentro de uma panela com água. Quando a água começar a ferver, conte uma hora, sempre em fogo médio para alto. Cuide para não secar a água: se preciso, acrescente mais.

Desligue o fogo. Deixe esfriar um pouco e leve a forma para a geladeira. Quando estiver gelada, desenforme. Se quiser, coloque um pouco de água na forma vazia e leve para o fogo para soltar o restante do caramelo. Sirva a calda extra junto com o pudim, que deve estar gelado.

CUPCAKE COM DOCE DE LEITE

Quem poderia imaginar que a mistura desses ingredientes resultaria numa receita tão saborosa! Vale apostar e colher os frutos desse cupcake sem precedentes.

Ingredientes
Para a massa
2 xícaras de farinha de trigo
1 ½ xícara de açúcar mascavo
¾ xícara de cacau em pó
1 colher (sopa) de fermento químico
1 colher (café) sal
200ml de leite
100ml de óleo vegetal
1 colher (café) de essência de baunilha

Para o recheio/cobertura
1 lata de leite condensado
confeitos diversos

Modo de preparo

Misture os ingredientes secos, adicione o leite, o óleo e a baunilha, mexendo até ficar uma massa homogênea. Preencha ⅔ das forminhas com a massa numa assadeira para bolinhos/cupcake. Leve para o forno preaquecido a 200°C de 20 a 25 minutos ou até ficar firme e dourado.

Deixe esfriar por completo.

O recheio/cobertura é feito da seguinte maneira: leve a lata de leite condensado para cozinhar na panela de pressão por 30 minutos. Espere esfriar, abra a lata e você terá um doce de leite caseiro.

Cubra os bolos com o recheio e cobertura e enfeite ao seu gosto.

Cuca gelada de chocolate

Cuca, em geral, lembra inverno, acompanhando um bom chocolate quente. Esta cuca foi criada para brilhar no verão. Uma receita que faz sucesso no calor, para alegria dos "chocólatras".

Ingredientes
Para o recheio
400ml de leite
2 colheres (sopa) de amido de milho
1 lata de leite condensado
5 colheres (sopa) de cacau em pó
100g de chocolate em barra
1 caixa de creme de leite

Para a farofa
2 xícaras de farinha de trigo
1 ovo
1 colher (sopa) de fermento químico
3 colheres (sopa) manteiga derretida
1 ½ xícara de açúcar

Modo de preparo

Numa panela, misture o leite e o amido de milho até ficar bem homogêneo, com o fogo ainda desligado. Após, acrescente o leite condensado, o cacau em pó e o chocolate em barra picado. Mexa em fogo médio até o recheio engrossar. Desligue o fogo, aguarde uns minutinhos e acrescente o creme de leite. Misture até o creme ficar homogêneo. Reserve.

Num recipiente, misture a farinha de trigo, o ovo, o fermento, a manteiga derretida e o açúcar. Incorpore com a mão até formar uma farofa.

Num refratário untado e enfarinhado, que possa ir ao forno, distribua no fundo metade da farofa. Despeje o recheio, já frio, e cubra com o restante da farofa.

Para enfeitar, a dica do Anonymus é colocar pedaços ou gotas de chocolate por cima da farofa antes de levar ao forno.

Com a cuca montada, leve ao forno por aproximadamente 30 minutos a 180°C.

Após esfriar, leve à geladeira e sirva gelado!

Arroz pressionado

Esta é uma daquelas receitas que fazem sucesso. Fácil de fazer, é daquelas receitas que "se fazem por si". A panela de pressão é equipamento decisivo.

Ingredientes
1 ½ xícara de arroz-cateto integral
1 xícara de água
1 ½ litro de leite integral
raspas de limão
canela em pau
cravo
1 colher de manteiga
1 caixa de leite condensado

Modo de preparo
Coloque o leite, o arroz e a água na panela de pressão; quando começar a chiar, coloque em fogo baixo e deixe por 35 a 40 minutos.

Deixe a pressão sair naturalmente. Após, abra a panela e acrescente raspas de limão, canela em pau, cravos, leite condensado e manteiga. Ferva até engrossar: o ponto é este. Leve à geladeira e consuma gelado.

Arroz integral com legumes

Uma síntese para definir esta receita pouco conhecida, mas que merece ser experimentada: "original e saborosa".

Ingredientes
2 xícaras de arroz integral
6 xícaras de água
2 colheres (sopa) de óleo de milho
2 dentes de alho amassados
1 colher (chá) de sal
1 colher (chá) de cúrcuma (ou açafrão-da-terra)

Para o refogado de legumes
Todos os legumes devem ser picados em pedaços médios e refogados em uma caçarola com óleo.
2 colheres (sopa) de óleo de milho
2 dentes de alho amassados
1 colher (chá) de sal
1 pedaço de pimentão vermelho
1 pedaço de pimentão amarelo
1 abobrinha italiana, média
1 tomate maduro, sem sementes

1 cenoura média, descascada e pré-cozida
5 vagens macarrão, pré-cozidas
100g de nozes picadas
folhas de manjericão para decorar

Modo de preparo

Aqueça o óleo, frite o alho, acrescente o arroz, a cúrcuma, o sal e a água.

Quando levantar a fervura, deixe a panela semitampada. Quando começar a secar a água, abaixe o fogo e tampe totalmente a panela até estar cozido.

Reserve.

Numa caçarola, refogue os legumes, já picados em pedaços médios, com óleo.

Para a montagem, misture o arroz e os legumes refogados.

CACHORRINHO DO ANONYMUS

Aquele cachorro-quente inesperado, barato e MUITO saboroso. Vale a pena experimentar. Mas... faça apenas para os amigos e parentes. Resista à tentação de instalar sua própria carrocinha de cachorro-quente para vender a sua suculenta "obra".

Ingredientes
2 colheres (sopa) de açúcar
1 colher (chá) de sal

3 colheres (sopa) de fermento biológico
6 colheres (sopa) de óleo
1 copo de água morna
500g de farinha de trigo
salsichas para o recheio
gema para pincelar

Modo de preparo

Misture o açúcar, o fermento biológico e a água morna e deixe reservado para crescer o fermento. Pode cobrir o prato com um pano ou papel alumínio. O fermento cresce rápido se a temperatura ambiente estiver quente.

Peneire a farinha. Acrescente o sal e o óleo e misture o preparo do fermento, que já terá crescido. Vá misturando a massa, com as mãos, até formar uma massa homogênea, que desgrude das mãos. Passe a massa para uma bancada e sove-a.

Abra os pedaços de massa em uma superfície enfarinhada e vá moldando os cachorrinhos: coloque a salsicha no meio de um pedaço de massa e enrole até formar um cachorrinho.

Unte e enfarinhe uma forma grande, coloque os cachorrinhos espaçados e pincele com a gema.

Leve ao forno médio (200°C) por aproximadamente 25 minutos.

Está pronto para o sacrífico.

Uma dica do Anonymus é fazer o cachorrinho com aquela linguicinha fina. Fica uma opção deliciosa.

Torta crespa

Chocólatras, tremei!!! Isso porque, numa situação rara, o chocolate, literalmente, entra por cima e por baixo: é decisivo entre os ingredientes da base e indispensável enfeitando a finalização da torta.

Ingredientes
Para a base
300g de chocolate em barra derretido
2 colheres (sopa) de manteiga derretida
150g de flocos de milho açucarados

Para o recheio
1 colher (sopa) de amido de milho
1 caixinha de creme de leite
1 lata de leite condensado
3 colheres (sopa) de leite em pó
1 ½ colher (sopa) de manteiga

Para a cobertura
Coco ralado a gosto
Chocolate para decorar

Modo de preparo

Inicie pela base. Derreta o chocolate em banho-maria. Derreta a manteiga no micro-ondas. Em uma tigela, coloque os flocos açucarados e aos poucos acrescente a manteiga derretida e o chocolate derretido, mexendo até envolvê-los na mistura.

Arrume a base em uma forma de fundo removível, cobrindo bem o fundo e as laterais da forma. Deixe na geladeira até ficar firme.

Enquanto a base está na geladeira, vamos para o recheio.

Em uma panela, dissolva o amido de milho no creme de leite. Junte os demais ingredientes e leve ao fogo, mexendo sempre, até o recheio engrossar. Não pare de mexer para que o creme fique bem liso. Tire do fogo e espere amornar.

Com o creme já frio, coloque o recheio sobre a base que ficou na geladeira. Cubra com coco ralado e enfeite com o chocolate. Deixe na geladeira e desenforme apenas na hora de servir. Quanto mais tempo na geladeira, melhor – sendo o ideal de um dia para o outro.

ÁGUA TURBINADA

Quando é que você imaginou que produziria seu próprio refrigerante? Esta receita é uma forma simples, barata, fácil e engenhosa de fazer um saboroso refrigerante... produzido integralmente na sua cozinha!

Ingredientes
4 limões-taiti
1 limão-siciliano
500ml de água com gás
açúcar ou mel para adoçar

Modo de preparo
Descasque os limões, retirando bem a parte branca. Bata-os no liquidificador com um pouco de água para extrair o suco.

Coe o suco numa jarra, acrescente a água com gás gelada e adoce a gosto. Coloque bastante gelo e está pronto para a hora do sacrifício.

Frango mágico

O nome da receita não é exagero. A rigor, cozinha na panela de pressão em 8 minutos! E mais: com o caldo que sobra, o arroz fica pronto em 5 minutos!

Ingredientes
1kg de sobrecoxa de frango
3 dentes de alho
1 tomate
suco de dois limões
3 colheres (sopa) de extrato de tomate
1 colher (chá) de páprica picante
1 colher (chá) de açafrão – cúrcuma
pimenta-do-reino e sal a gosto
2 cebolas cortadas em rodelas
1 colher de manteiga
1 xícara de arroz

Modo de preparo
Misture tudo em um prato (menos o arroz), de forma que os ingredientes se misturem bem com o frango. Reserve. Na panela de pressão, com o fogo desligado, forre o fundo da panela com as cebolas cortadas em rodelas e coloque

os pedaços de frango distribuídos sobre esta "cama". Coloque uma colher de manteiga. Feche a panela e leve ao fogo baixo. Após pegar a pressão, cozinhe por 8 minutos. Deixe sair a pressão naturalmente e está pronto o frango.

No caldo que sobrar na panela de pressão, acrescente o arroz e misture bem. Em fogo baixo, deixe cozinhar por 5 minutos após a panela pegar pressão.

Está pronto para o sacrifício.

Pudim de leite 2 minutos

Para salvar aquele churrasco de última hora em que as carnes brilharam, mas a sobremesa foi esquecida.

Ingredientes
Para o caramelo
1 xícara de açúcar
½ xícara de água

Para o pudim
1 lata de leite condensado
500ml de leite
1 caixa de creme de leite
2 xícaras de leite em pó
2 envelopes de gelatina sem sabor

Modo de preparo
Comece pelo caramelo.

Em uma forma com furo no meio, própria para pudim, coloque o açúcar e a água. Mexa até dissolver e ligue o fogo baixo. Quando pegar o ponto, não mexa mais com colher e vá girando o caramelo até todas as laterais e o meio da forma ficarem cobertos com o açúcar. O indicado é fazer este procedimento com uma luva para evitar queimaduras.

Quando a forma estiver caramelizada, reserve.

No liquidificador, coloque o leite condensado, o leite, o leite em pó e bata por aproximadamente 2 minutos. Dissolva a gelatina sem sabor conforme instruções do pacote. Depois, acrescente ao liquidificador e bata até misturar.

Despeje cuidadosamente o pudim na forma já caramelizada. Cubra com plástico-filme e leve à geladeira por aproximadamente 4 horas ou até firmar.

Desenforme e chega a hora do sacrifício.

Paeja rio-grandense

Sem dúvida, um dos maiores clássicos do Anonymus Gourmet. O sucesso tem o mesmo motivo decisivo no sucesso da *paella* espanhola que nos inspirou: aproveitar todas as sobras de qualidade.

Ingredientes
150g de linguicinha fina cortada em rodelas
150g de linguiça calabresa cortada em rodelas
200g de carne de gado cortada em cubos
150g de carne de porco cortada em cubos

50g de bacon
50g de banha de porco ou óleo
½ pimentão vermelho
½ pimentão verde
½ pimentão amarelo
1 lata de milho
1 lata de ervilha
2 tomates picados
1 cebola média picada
2 cenouras picadas
3 folhas de couve picada
suco de 1 limão
½ copo de vinho
2 colheres (sobremesa) de colorau
3 colheres (sopa) de extrato de tomate
3 xícaras de arroz
6 xícaras de água
sal e pimenta a gosto
queijo parmesão ralado
tempero verde picado

Modo de preparo

A ideia geral é a mesma da origem da *paella* espanhola: aproveitar as sobras de boa qualidade. Por isso, vale usar, junto com as carnes cruas, ou substituindo-as, até sobras de churrasco.

Pode ser feito no fogão doméstico, num fogão a lenha ou na churrasqueira.

Use uma frigideira grande, uma *paellera* ou uma roda de arado, que deve ir ao fogo. Quando estiver bem quente, coloque a banha de porco ou óleo e comece a refogar as carnes: primeiro a carne de porco, depois a linguiça, acrescentando as outras a seguir.

Quando as carnes estiverem bem douradas, acrescente a cebola e o tomate, refogando-os bem. A seguir, os pimentões vermelho, verde e amarelo, e mais o milho, para colorir com as cores da bandeira do Rio Grande do Sul. Acrescente o arroz e o colorau para fazer as vezes do açafrão na paella, o vinho, a ervilha e a cenoura, cubra tudo com água, mexa bem e deixe cozinhar. Acrescente mais água, se necessário, para não secar. Quando estiver quase pronto, espalhe o queijo parmesão ralado e tempero verde por cima.

Pavê festivo

Um dos grandes sucessos da história do Anonymus Gourmet. As deliciosas camadas são fáceis de preparar e resultam num belo prato de festa.

Ingredientes
Para o creme branco
1 colher (sobremesa) de amido de milho
1 lata de leite condensado
1 lata (a mesma medida da lata de leite condensado) de leite
3 gemas peneiradas
4 gotas de essência de baunilha

Para o creme de chocolate
2 xícaras de leite
2 colheres (sopa) de amido de milho

2 colheres (sopa) de cacau em pó
5 colheres (sopa) de açúcar

Para a montagem
250g de biscoitos champanhe
1 xícara de leite
8 bombons Sonho de Valsa picados
3 claras
3 colheres (sopa) de açúcar
1 lata de creme de leite gelado sem soro

Modo de preparo

Creme branco:

Dissolva o amido no leite, junte os demais ingredientes e leve ao fogo médio, mexendo sempre, até engrossar. Espere amornar, mexendo de vez em quando para não formar película, e despeje em um refratário retangular transparente. Reserve.

Creme de chocolate:

Dissolva o amido no leite, junte os demais ingredientes e leve ao fogo até engrossar. Espere amornar, mexendo de vez em quando para não formar película, e utilize.

Montagem:

Coloque o creme branco no prato escolhido para a montagem. Espalhe um pouco de bombom picado sobre o primeiro creme e cubra com biscoitos champanhe ligeiramente umedecidos no leite.

Distribua o segundo creme (chocolate), espalhe um pouco de bombom picado e cubra com biscoitos levemente umedecidos.

Misture as claras com o açúcar e leve ao banho-maria, mexendo sempre, até amornar bem (60ºC ou o tempo suficiente para enfiar o dedo e não se queimar), sem deixar cozinhar. Este processo pode ser realizado no micro-ondas, basta levar as claras com o açúcar por 30 segundos, misturar e colocar mais 30 segundos, até a mistura amornar. Bata as claras e o açúcar amornados na batedeira até obter picos firmes e incorpore o creme de leite, batendo rapidamente.

Cubra o pavê e decore com o restante do bombom picado. Leve à geladeira por no mínimo 4 horas antes de servir.

Torta bacana

Uma releitura da famosa torta inglesa aqui abrasileirada e direto para a sua mesa. Londres não é tão longe.

Ingredientes
1 pote de doce de leite
1 colher (sopa) de nata
1 xícara de açúcar
7 bananas
1 colher (sopa) de manteiga
1 pacote de bolacha champanhe
1 xícara de leite
1 pote de nata
3 colheres de açúcar
cacau para polvilhar

Modo de preparo
Em uma forma de fundo removível – ou em um prato para servir – inicie com a base. Banhe as bolachas champanhe

no leite e faça a primeira camada. Quando a forma estiver com a primeira camada pronta, faça o creme.

Para o creme, misture o doce de leite com uma colher de sopa de nata – retire do pote, que será utilizado para o chantili. Misture até ficar bem homogêneo. Coloque o creme sobre a camada de bolachas e reserve.

Numa frigideira, coloque o açúcar. Espere caramelizar e coloque a manteiga e depois as bananas cortadas grosseiramente. Caramelize as bananas. Esta é a terceira camada, coloque as bananas caramelizadas por cima do creme de doce de leite.

Coloque a torta na geladeira, para esfriar os cremes enquanto o chantili é preparado.

Na batedeira, coloque o restante da nata – creme de leite fresco –, as colheres de açúcar e bata até o ponto de chantili. Esta é camada final da torta bacana.

O chantili deve cobrir as bananas. Cuidado: é importante que a camada das bananas caramelizadas já esteja fria.

Polvilhe no chantili cacau em pó para enfeitar.

Dica do Anonymus: para trazer um sabor diferenciado e uma crocância à torta, faça nozes caramelizadas para enfeitar e cobrir a torta. Numa frigideira coloque um punhado de nozes e, quando estiverem levemente torradas, coloque um pouco de açúcar e cuide até derreter. Despeje as nozes num prato untado com um pouco de manteiga, separando bem os pedaços de nozes. Quando estiver frio, basta "quebrar" ou separar as nozes e enfeitar a torta!

Arroz natalino

Elegância na sua cozinha a preços módicos: conseguimos reunir numa receita damascos e amêndoas para enfeitar o Natal.

Ingredientes
2 xícaras de arroz
4 dentes de alho
sal
50g de damascos cortados em tirinhas
50g de amêndoas picadas

Modo de preparo
Prepare o arroz e frite as amêndoas e o damasco em uma frigideira grande.
Misture os dois e sirva em seguida.

Salpicão

Há quem diga que salada não alimenta. Organizei essa receita para provar que uma salada bem-feita pode ser, inclusive, o prato principal.

Ingredientes
300g de frango desfiado
300g de peito de peru defumado
1 cenoura

100g bacon
1 lata de milho
1 lata de ervilha
100g de azeitona
200g de uva-passa
½ abacaxi

Para a maionese
2 ovos
sal
vinagre
óleo
salsinha
sal e pimenta a gosto

Modo de preparo

Cozinhe o frango com o tempero de sua preferência e um pouco de sal – aqui, nós cozinhamos com sal e louro. Após, desfie grosseiramente e reserve. Numa frigideira com um fio de azeite, coloque o bacon até que fique bem dourado e depois leve-o para descansar em um recipiente forrado com papel toalha para que fique bem sequinho.

Numa tigela, misture o frango desfiado, o bacon e o peito de peru cortado em tiras. Após, acrescente os demais ingredientes – a azeitona, a cenoura cortada em tirinhas, a uva-passa, o milho, a ervilha, o abacaxi picado. Reserve.

Vamos preparar a maionese: em um liquidificador bem seco, coloque os ovos, o sal e o vinagre. Vá colocando aos poucos o óleo sem parar de bater até que pegue o ponto desejado da maionese. Acrescente salsinha e cebolinha. A maionese ficará verde.

Misture a maionese caseira com os demais ingredientes – que já estarão bem misturados. Coloque no prato que será servido e é chegada a hora do sacrifício.

Pernil bêbado na pressão

Qual o resultado da mistura de especiarias, carne suína e uma boa e velha cachaça? Só pode ser mais uma receita diferenciada para impressionar os convidados.

Ingredientes
1,5kg de pernil suíno
2 colheres (chá) de sal
2 colheres (chá) de cominho em pó
pimenta-do-reino
1 ½ colher (sopa) de azeite
1 cebola grande
3 dentes de alho
1 pedaço de cerca de 3cm de gengibre
2 folhas de louro
2 anises-estrelados
1 colher (sopa) de melado de cana
suco de 2 limões
1 xícara de cachaça
2 xícaras de água

Modo de preparo
Pique a cebola e o alho.

Descasque o gengibre e rale.

Corte a peça de pernil em pedaços, retirando o excesso de gordura. Tempere com sal, cominho e pimenta-do-reino.

Leve a panela de pressão ao fogo alto, coloque o azeite e doure os pedaços para dar uma selada na carne. Repita com todos os pedaços. Retire da panela e reserve. Na mesma panela, refogue a cebola com uma pitada de sal e acrescente o alho, o gengibre, a pimenta, e o louro, refogando mais dois minutos. Regue com a cachaça e mexa com uma espátula para dissolver todo o queimadinho do fundo, para dar sabor ao molho. Junte o caldo de limão, o melado, o anis-estrelado, a água e misture bem.

Volte os pedaços de pernil à panela, feche e mantenha em fogo alto. Após pegar pressão, cozinhe por 40 minutos.

Desligue o fogo e deixe a pressão sair para abrir a panela. Separe a carne do molho. Desfie a carne com 2 garfos. Peneire o molho apertando os ingredientes para escorrer bem. Volte o molho à panela, junte a carne desfiada e aqueça em fogo baixo por um minuto.

Se desejar um pouco mais de molho, regue com um pouco de água fervente.

Dica: use 2 garfos para desfiar a carne, use a batedeira com pá (raquete) em velocidade baixa.

Torta de verão

Esta torta é um verdadeiro clássico de verão, com a facilidade que a despreocupação de férias exige. A recomendação é servi-la fria, mas também funciona aquecida, num jantar.

Ingredientes
2 potes de iogurte natural
1 pacote de pão de forma sem casca (pão para torta fria)
4 latas de atum com óleo
manteiga para untar
200g queijo fatiado
1 pote de requeijão

Modo de preparo

Unte com manteiga uma forma ou prato refratário e forre o fundo com metade das fatias de pão. Distribua parte do atum, em seguida metade do molho de iogurte (misture o iogurte com o requeijão) e depois o queijo.

Ponha mais uma camada de pão, o restante do atum, o molho e mais queijo.

Leve ao forno preaquecido a 180°C por 40 minutos ou até dourar.

PECADO MORTAL

Esta já se tornou um clássico do Anonymus Gourmet. É uma receita que, além do custo baixo, tem outras qualidades importantes: o sabor anda de mãos dadas com a simplicidade, valorizando o resultado.

Ingredientes
1 abacaxi cortado
1 copo de açúcar
1 copo de água
1 caixa de pó para pudim de baunilha
1 lata de creme de leite sem soro

Modo de preparo

Pique o abacaxi, deixe descansar com o açúcar e a água por aproximadamente 4 horas. Separe todo o líquido e deposite numa panela, levando ao fogo brando com o pó de pudim. Misture bem e continue mexendo sempre até engrossar.

Junte o abacaxi e deixe esfriar, levando à geladeira.

Depois que estiver frio, misture o creme de leite sem soro bem gelado.

É maravilhoso. Bom apetite.

ROCAMBOLE À CALIFÓRNIA

Um prato principal para tornar o evento inesquecível: a viagem mais barata rumo à Califórnia.

Ingredientes
200g de bacon picado
1 ½ kg de carne moída
4 dentes de alho picado
1 cebola picada

3 ovos inteiros
figo em calda
pêssego em calda
abacaxi em calda
cereja em calda
uvas-passas pretas
sal e pimenta a gosto

Modo de preparo

Em uma frigideira, coloque óleo e frite o bacon.

Em uma travessa com papel toalha, deposite o bacon, já frito, para absorver o excesso de óleo. Reserve.

Em uma tigela já com a carne moída, coloque a pimenta, os ovos, a cebola, o alho e finalize com o sal. Misture para temperar bem a carne (pode usar as mãos).

Na bancada, estique um pedaço de filme plástico e acomode a carne formando um retângulo, coloque o bacon, o pêssego, o figo, as cerejas, o abacaxi, todos picados, e por último as uvas-passas. Enrole formando o rocambole, usando o filme plástico para enrolar mais firmemente a carne. Cuidado para o filme plástico não enrolar com a carne e, logo que formar o rocambole, retire o plástico.

Coloque óleo em uma forma e acomode o rocambole.

Leve ao forno 180ºC por 40 a 50 minutos, regando com a calda das frutas e observando se já está assado.

Festival da Pizza

O Festival da Pizza do Anonymus inclui a preparação de uma pizza de calabresa, uma margherita e uma saborosa pizza doce com creme de brigadeiro e morango. As escolhas da calabresa e da margherita são universais. A pizza doce com creme de brigadeiro e morango é uma justa homenagem às "formiguinhas" e aos "formigões".

Ingredientes
Para a massa
2 colheres (sopa) de fermento biológico seco
2 colheres (chá) de açúcar
2 xícaras de água morna
6 xícaras de farinha de trigo
2 colheres (chá) de sal
¼ de xícara de azeite
farinha de trigo para polvilhar a bancada

Para o molho
2 cebolas picadas
2 dentes de alho picados
azeite de oliva
2 latas de tomates pelados
sal e pimenta a gosto

Para o recheio
Tomates cortados em rodelas
Cebolas cortadas em rodelas
Calabresa cortada em rodelas
Folhas de manjericão
Queijo muçarela

Brigadeiro (1 lata de leite condensado, 1 xíc. de chocolate em pó e 1 colher de sopa de manteiga)
Morangos

Modo de preparo

Inicie pela massa: em uma tigela, misture o fermento, o açúcar, a água morna e mexa bem até dissolver. Reserve a mistura em temperatura ambiente até espumar e crescer, o que leva aproximadamente 5 minutos.

Em outra tigela, enquanto isso, misture o sal com a farinha, deixando um buraco no meio da mistura. Despeje o fermento, adicione o azeite e, com a ajuda de uma espátula, misture até incorporar todos os ingredientes.

Coloque a mistura na mesa e sove até ficar uma massa homogênea, desgrudando das mãos com facilidade. Esta etapa pode ser feita na batedeira.

Deixe a massa descansar até dobrar de tamanho – o tempo de espera dependerá, também, do clima.

Polvilhe a bancada com farinha, sove a massa, divida em 3 partes e abra a massa com um rolo, em formato de pizza.

Cubra a massa com o molho e recheie conforme o gosto.

A sugestão do Anonymus é que seja uma pizza de calabresa e uma margherita. Para a pizza de calabresa, espalhe o molho sobre a massa, em seguida coloque o queijo muçarela, as rodelas de linguiça calabresa e anéis de cebola e orégano. Para a pizza marguerita, espalhe o molho de tomate sobre a massa, em seguida as fatias de queijo e os tomates em rodelas. Coloque o manjericão apenas na hora de servir. Nas pizzas salgadas, vale colocar orégano.

Como apreciador de doces, o Anonymus sugere que faça uma pizza doce, que pode ser um brigadeiro de panela em que se coloca uma lata de leite condensado, uma xícara de chocolate em pó e uma colher de manteiga na panela, mexendo até engrossar e ver o fundo da panela. Cubra a massa de pizza com o creme de brigadeiro e morangos.

Leve as pizzas para assar em forno preaquecido a 200°C por aproximadamente 20 a 30 minutos. Chegou a hora do sacrifício.

Bolo da feira

Com as frutas mais democráticas, que sempre temos na nossa casa, uma transformação especial, com um sabor extraordinário.

Ingredientes
4 ovos
2 bananas
2 maçãs
⅓ de limão
1 xícara de açúcar mascavo
½ xícara de óleo
1 xícara (cafezinho) uvas-passas pretas
1 colher (chá) de bicarbonato de sódio
1 colher (sopa) de fermento químico
3 ½ xícaras de farelo de aveia
1 colher (chá) de canela em pó
açúcar e canela para polvilhar

Modo de preparo

Coloque os ovos, o açúcar mascavo, o óleo, a banana, as maçãs (com casca), o limão e as uvas-passas no liquidificador, batendo até ficar homogêneo. Em um recipiente, coloque a mistura do liquidificador e adicione o farelo de aveia, a canela em pó, o bicarbonato de sódio e o fermento químico. Acrescente um pouco das passas inteiras à massa para dar um toque diferenciado. Em seguida, coloque em uma assadeira untada e enfarinhada. Leve ao forno pré-aquecido e asse por 50 minutos. Para servir, você pode polvilhar açúcar e canela ou açúcar de confeiteiro.

Bolo da vovó

O bolo da vovó é de uma delicadeza e de um sabor simplesmente notáveis. Além disso, tem a vantagem de ter ingredientes acessíveis. Mesmo na sua versão simplificada (sem a cobertura), é muito saboroso!

Ingredientes
4 ovos
1 xícara de açúcar
2 xícaras de farinha de trigo
150g de nata
1 colher (sopa) de fermento químico

Modo de preparo

Na batedeira, bata os ovos e o açúcar até ficar bem fofo. Misture delicadamente a nata. Acrescente a farinha peneirada, mexendo levemente. Por último, acrescente o fermento. Despeje a massa em uma assadeira untada e enfarinhada e leve para assar em fogo médio por aproximadamente 40 minutos. Para a cobertura, que é opcional, misture o suco de um limão com meia lata de leite condensado.

Cuca de abacaxi

O abacaxi tem a qualidade de combinar a acidez com o doce, o que acrescenta a essa cuca um encanto surpreendente. A canela e a essência de baunilha transformam essa cuca numa experiência gustativa notável.

Ingredientes
Para o recheio
1 abacaxi pequeno
1 xícara de açúcar
1 xícara de água
1 colher (sopa) de amido de milho

Para a massa
3 xícaras de farinha de trigo
2 xícaras de açúcar
1 xícara de leite
2 ovos
1 colher (sopa) de banha
2 colheres (sopa) de margarina
1 colher (sopa) de fermento químico

Para a farofa
5 colheres (sopa) de açúcar
1 xícara de farinha de trigo
2 colheres (sopa) de margarina
canela e essência de baunilha a gosto

Modo de preparo

Comece pelo recheio: descasque e corte o abacaxi em cubinhos. Coloque o açúcar para derreter na panela até ficar um caramelo. Acrescente água e junte o abacaxi. Depois de 5 minutos, acrescente o amido de milho dissolvido em meia xícara de água. Deixe engrossar, desligue o forno e reserve. Para fazer a massa, junte todos os ingredientes secos em um recipiente. Misture os ovos, a margarina, o leite e a banha. Misture bem até ficar uma massa lisa e homogênea. A massa ficará firme, então espalhe com uma colher em uma forma untada e enfarinhada. Acrescente sobre a massa o creme de abacaxi.

Para fazer a farofa, misture todos os ingredientes.

Coloque a farofa por cima do recheio de abacaxi de forma uniforme.

Leve ao forno preaquecido a 180°C por aproximadamente 30 minutos.

Está pronta para a hora do sacrifício.

Cuca de luxo

O nome não é nenhum exagero. É um luxo com passos importantes e originais, que incluem amido de milho e gema de ovo.

Ingredientes
Para a farofa
3 xícaras de farinha de trigo
3 colheres (sopa) de amido de milho
2 xícaras de açúcar
1 colher (sopa) de fermento
1 ovo
4 colheres de margarina
raspas de 1 limão
canela a gosto

Para o creme
1 lata de leite condensado
1 lata de leite (mesma medida do leite condensado)
1 colher (sopa) de amido de milho
1 colher (sopa) de manteiga
1 gema
1 caixinha de creme de leite
100g de raspas de chocolate

Modo de preparo

Comece pela farofa. Misture todos os ingredientes com as mãos até ficar bem esfarelado. Reserve.

Numa panela, coloque o leite, o leite condensado, o amido de milho, a manteiga e a gema de ovo. Misture em fogo médio até engrossar. Quando o creme estiver morno, acrescente a caixinha de creme de leite e misture até ficar homogêneo.

Para a montagem, coloque metade da farofa em um refratário. Após coloque o creme já frio, com cuidado. Em cima do creme, coloque as raspas de chocolate. Cubra com o restante da farofa. Leve a cuca ao forno médio (180°C) por aproximadamente 35 minutos.

CHOCOLATE QUENTE

Sábado à tarde, chuva lá fora, frio aqui dentro. Ingredientes separados, que misturados dão um show de sabores.

Ingredientes
200ml de leite de coco
1 caixa de creme de leite
60g de chocolate meio amargo
1 colher (sopa) de cacau em pó
canela a gosto

Modo de preparo
Coloque todos os ingredientes em uma leiteira. Mexa até o chocolate derreter. Sirva com a canela por cima.

Super arroz de forno

Forma criativa e econômica de aproveitar "sobras nobres" e sobras mais simples em bom estado. É um desafio à criatividade e uma sugestão de economia na cozinha, preservando e valorizando-as. A vantagem de colocar a carne e, depois, a cebola torna mais saboroso o resultado.

Ingredientes
1 fio de azeite
1 cebola
2 dentes de alho
400g de carne moída
500g de molho de tomate
½ xícara de azeitonas
sal
pimenta
3 ovos
2 potes de requeijão
100g de presunto
100g de queijo ralado
5 xícaras de arroz cozido
200g de muçarela
100ml de leite

Modo de preparo
Inicie refogando a cebola no azeite e adicione a carne moída até refogar. O Anonymus faz o contrário: primeiro coloca a carne e depois a cebola. Após, acrescente o molho e as azeitonas e deixe cozinhar. Tempere a gosto e reserve. Para o arroz, misture os ovos, o requeijão com um pouquinho de leite, o presunto picadinho, o queijo ralado. Misture bem. Depois, acrescente o arroz já cozido.

Em um prato refratário ou forma coloque parte do arroz e por cima acrescente o molho com a carne moída. Coloque uma camada de queijo muçarela. Cubra com o restante do arroz. Finalize com mais uma camada de muçarela. Leve ao forno até dourar. Chegou a hora do sacrifício.

Bolo ninho

São diversas etapas, ingredientes variados e muitos detalhes, mas... o resultado é compensador. O nome da receita, na verdade, subestima o resultado espetacular. Entretanto, com uma tradição de tantas gerações não se mexe.

Ingredientes
Para a massa
3 ovos
1 xícara de açúcar
½ xícara de óleo
1 xícara de água quente
2 xícaras de farinha de trigo
1 xícara de chocolate
½ colher (café) de bicarbonato de sódio
1 pitada de sal
1 colher (sopa) de fermento químico
granulado para decorar

Para o recheio ninho
2 latas de leite condensado

2 caixas de creme de leite
2 xícaras de leite em pó

Para o brigadeiro
1 lata de leite condensado
1 colher (sopa) margarina
3 colheres (sopa) de chocolate em pó

Modo de preparo

Para o bolo, bata no liquidificador por 1 minuto os ovos, o açúcar e o óleo. Em seguida, acrescente a água e bata por mais 2 minutos.

Em uma vasilha, peneire a farinha, o chocolate, o sal e misture bem. Em seguida, despeje os ingredientes batidos e mexa até ficar uma massa homogênea. Acrescente o fermento e o bicarbonato e misture.

Em uma forma untada com margarina e chocolate, despeje a massa. Asse em forno médio (180°C) por aproximadamente 40 minutos.

Para o recheio de ninho, misture todos os ingredientes em uma panela (leite condensado, creme de leite e leite em pó). Leve ao fogo médio, mexendo bem para não pegar no fundo, até engrossar. Reserve.

Para o brigadeiro, misture todos os ingredientes em uma panela (leite condensado, chocolate em pó e margarina). Leve ao fogo médio, mexendo até engrossar. Reserve.

Na hora da montagem, em um prato para bolo, corte a massa ao meio e acrescente o recheio de ninho já frio, cobrindo com a outra metade da massa. Utilize o brigadeiro para a cobertura, finalizando com o granulado.

Está chegada a hora do sacrifício.

Pão na caixa

Enfim uma utilidade nobre para as simpáticas embalagens de leite, até então condenadas ao lixo depois do uso. Um cuidado fundamental: higienizar bem a caixa e utilizá-la quando estiver bem seca.

Ingredientes

1 ovo inteiro
2 colheres (sopa) de margarina
1 colher (sopa) de fermento biológico
1 colher (sopa) de óleo
300ml de leite morno
1 colher (sopa) de açúcar
½ colher (sobremesa) de sal
5 xícaras de farinha de trigo

Modo de preparo

Misture o ovo, a margarina, o fermento e o óleo. Após misturar bem, acrescente o leite morno.

Quando a mistura estiver homogênea, acrescente a farinha peneirada, o açúcar e o sal. Sove a massa em uma bancada até que ela fique lisa e desgrudando das mãos. Separe em dois pedaços. Abra bem um dos pedaços, como se estivesse fazendo uma massa de pizza. Vá enrolando a massa, apertando levemente sempre que der uma volta. Com o rolo, faça cortes do tamanho de uma fatia, mas sem ir até o final (cortando). Corte o rolo do tamanho que caiba na caixa de leite ou na forma de pão.

Para utilizar a caixa de leite, corte a lateral e higienize bem. Com a caixa seca, você pode untar com margarina e farinha ou utilizar papel manteiga.

Deixe descansar por aproximadamente 40 minutos, já na forma/caixa que irá ao forno, ou até que dobre de tamanho. Passe gema na superfície da massa. Leve ao forno preaquecido a 200°C por 30 minutos ou até que fique douradinho.

Bolo junino

Pipoca, quentão e paçoca. Completando a festa, um bolo para arrematar.

Ingredientes
Para o bolo
250ml de leite
1 xícara de açúcar
4 ovos
1 colher (sopa) de manteiga em temperatura ambiente
1 xícara de amendoim torrado
3 xícaras de farinha de trigo
1 colher (sopa) de fermento em pó

Para a cobertura
395g de leite condensado
1 xícara de amendoim torrado triturado
1 colher (sopa) de manteiga
200g de creme de leite
4 unidades de paçoca rolha

Modo de preparo

Bata no liquidificador o leite, o açúcar, os ovos, a manteiga e o amendoim. Disponha a mistura em uma tigela e junte a farinha peneirada e o fermento. Misture bem.

Coloque a mistura em uma forma untada e enfarinhada e leve ao forno preaquecido a 180ºC por 40 minutos.

Em uma panela, misture o leite condensado, a manteiga e o amendoim e leve ao fogo médio até a mistura começar a soltar do fundo da panela.

Retire do fogo, adicione o creme de leite, mexa bem e reserve.

Retire o bolo do forno, cubra com a cobertura e decore com as paçocas esmigalhadas.

Pizza de batata

Sem dúvida esta receita valoriza a pizza, dando-lhe um toque muito especial. Poderia tranquilamente ser chamada de "Pizza com *upgrade*". Vale a pena experimentar.

Ingredientes
400g de batata-inglesa
1 colher (sopa) de margarina
11 colheres (sopa) de farinha de trigo
1 colher (sobremesa) de fermento químico
1 xícara de molho
2 tomates
1 cebola

200g de queijo muçarela
1 linguiça calabresa
orégano a gosto

Modo de preparo

Inicie cozinhando as batatas, em água com sal, até que estejam bem macias. Amasse-as. Acrescente a margarina. Vá acrescentando a farinha, mexendo bem. Por fim, acrescente o fermento. Esta etapa pode ser realizada na batedeira.

Quando a massa estiver homogênea, pode abri-la numa forma de pizza untada. Como a massa é bem elástica, o ideal é utilizar a ajuda de uma colher, molhando-a na água para auxiliar.

Faça o molho de tomate ao seu gosto (o Anonymus Gourmet tem uma receita especial). Espalhe o molho na massa de pizza aberta. Distribua as rodelas de tomate e, depois, o recheio de sua escolha. Aqui, utilizamos calabresa cortada bem fininha. Primeiro, uma camada generosa de muçarela, depois as calabresas e as cebolas. Acrescente o orégano e leve no forno preaquecido a 200ºC por aproximadamente 40 minutos.

CANJICA TURBINADA

A modesta canjica ganha aqui um upgrade notável. É um prato rápido, que fica ainda mais saboroso. Se você convidar um amigo ou amiga para saborear uma canjica poderão ficar ofendidos ou, no mínimo, surpresos. Mas, se o convite for para uma "Canjica turbinada", a curiosidade e o interesse serão inevitáveis.

Ingredientes
2 xícaras de canjica
1 litro de água
1 litro de leite
½ lata de leite condensado
1 caixinha de creme de leite
3 gemas
3 colheres (sopa) de açúcar
casca de limão
canela em pau

Modo de preparo
Numa panela de pressão, coloque a canjica crua e a água, levando ao fogo por aproximadamente 30 minutos após pegar a pressão. Em uma panela alta, coloque a canjica cozida, o leite, o leite condensado, o creme de leite, a casca de limão e a canela em pau. Deixe cozinhar até o creme engrossar. Para finalizar, faça uma gemada com as gemas e o açúcar, e acrescente na panela já desligada.

CHORIPAN DE FORNO

Uma linguiça é uma linguiça. Mas é possível usar o sabor da linguiça de forma original para fazer brilhar uma refeição. Esta é a forma criativa (e barata) de transformar uma linguiça num prato original e muito saboroso. Para começar, basta tirar a pele e desmanchar as linguiças. Um bom vinho tinto gaúcho acompanha com brilho.

Ingredientes
5 linguiças
1 xícara de queijo parmesão ralado
200g de requeijão
200g bacon
½ cebola
2 dentes de alho
5 pães
150g de muçarela ralada
tempero a gosto

Modo de preparo
Comece tirando a pele e desmanchando as linguiças.

Refogue o alho, a cebola, o bacon e a linguiça até que fiquem bem dourados. Deixe esfriar. Em outro recipiente, misture o requeijão e o queijo ralado. Nesta mistura, acrescente a linguiça refogada e tempere a gosto. Corte os pães na metade, retirando um pouco do miolo. Recheie os pães com a mistura reservada e distribua-os numa forma. Cubra com a muçarela ralada. Leve ao forno preaquecido a 180°C por aproximadamente 20 minutos ou até que a muçarela esteja gratinada.

Arroz de costela

Os diferentes ingredientes se combinam na panela como se fosse uma sinfonia. É tudo numa panela só. E, para acompanhar, nada melhor que um bom vinho tinto da Serra Gaúcha.

Ingredientes
1kg de costela de tira (3cm de largura, mais ou menos)
2 cebolas médias
3 tomates picados
½ xícara de molho de shoyu
1 xícara de caldo de carne
1 copo de suco de laranja (natural)
2 xícaras de água
1 ½ xícara de arroz

Modo de preparo

Corte a costela em módulos nos ossos de aproximadamente 3cm. Frite os módulos na panela de pressão aberta até ficar bem dourado. Quando estiverem bem fritas as costelinhas, acrescente a cebola picada. Em seguida coloque o tomate picado, o shoyu, o caldo de carne, a água e por último o suco de laranja. Mexa todos os ingredientes.

Tampe a panela e deixe cozinhar. Depois que começar a pressão, espere por 30 minutos em fogo baixo.

Depois, adicione o arroz e deixe mais 10 minutos na panela, tempo de cozinhar o arroz.

Depois disso, está pronta a receita. A nossa sugestão de acompanhamento é uma salada verde e, para beber, vinho!

Uma receita fácil, prática e deliciosa!

Macarrão com limão

Meu limão, meu limoeiro... Desafiando os sabores, essa receita parece que vai dar errado, mas é extremamente deliciosa. O vinho branco gelado é acompanhamento de lei.

Ingredientes
400g de macarrão
150g de parmesão ralado
1 caixa de creme de leite
⅓ de xícara de azeite
raspas de 2 limões
suco de 1 limão
manjericão a gosto

Modo de preparo

Cozinhe o macarrão em água com sal. Enquanto o macarrão está cozinhando, prepare o molho.

Numa tigela, coloque o queijo, o creme de leite, o azeite, o suco e a raspa do limão. Misture até que fique homogêneo.

Escorra o macarrão já cozido, misture ao molho já pronto, coloque o manjericão e corrija o sal se necessário.

Coloque mais raspas de limão por cima e está pronto para o sacrifício.

Minibolo de chocolate

Esse minibolo prova como é possível fazer grandes pratos com pequenos esforços. Os mais radicais garantem que essa receita é de viciar e fazer toda a semana.

Ingredientes
5 bananas maduras
1 xícara de chocolate 50%
1 colher (sopa) de cacau
1 colher (sopa) de amido de milho
1 colher (sopa) de fermento

Modo de preparo

Amasse bem as bananas. Acrescente o chocolate, o cacau e o amido de milho. Misture até ficar bem homogêneo. Acrescente o fermento por último.

Coloque em uma forma e leve ao forno preaquecido, a 200ºC, por aproximadamente 40 minutos.

Para servir, você pode polvilhar açúcar de confeiteiro para enfeitar.

Caramelo nevado

Uma receita que vai despertar sabores, instigar sensações e deixar os degustadores com água na boca.

Ingredientes
2 ½ xícaras de açúcar

1l de leite
5 ovos
2 colheres (sopa) de farinha de trigo
½ xícara de leite
10 colheres (sopa) de açúcar
½ caixa de creme de leite
200g de chocolate
200g de morango

Modo de preparo

Inicie caramelizando o açúcar. Enquanto o açúcar carameliza, coloque o leite para esquentar. Quando o caramelo estiver dourado, retire do fogo e acrescente, aos poucos, o litro de leite. Volte a panela ao fogo até ferver, acrescente uma mistura de ½ xícara de leite, gemas e farinha, previamente diluídos. Mexa em fogo médio até engrossar. Retire do fogo, acrescente o creme de leite e reserve.

Para fazer as claras em neve, basta aquecer as claras juntamente com o açúcar (duas colheres de açúcar para cada clara) no micro-ondas, por aproximadamente 1min30 (deixe de 30 em 30 segundos e vá observando amornar). Depois, leve as claras para bater na batedeira até que fiquem bem firmes.

Para a montagem, unte um refratário, coloque o creme de caramelo, seguido do chocolate ralado, e cubra com colheradas do merengue. Leve ao forno a 180ºC por aproximadamente 30 minutos ou até que o merengue doure.

Fora do forno, enfeite com os morangos e está pronto para a hora do sacrifício.

Frango dos deuses

Um dos clássicos do Anonymus Gourmet. Sempre que essa receita é preparada, confirma-se o seu sucesso.

Ingredientes
800g de coxa e sobrecoxa
400g de requeijão
1 cebola
1 dente de alho
2 tomates
½ pimentão
2 colheres (sopa) de molho shoyu
2 colheres (sopa) de extrato de tomate
½ molho de espinafre
50g de queijo ralado
sal e azeite a gosto

Modo de preparo

Refogue o frango com o azeite em uma frigideira. Tempere com sal, pimenta. Óleo na panela e refogue o frango. Logo, acrescente um tempero de cada vez e vá misturando: a cebola, o alho, o shoyu, o tomate, o espinafre e o pimentão. Cozinhe por 15 a 20 minutos até que o molho esteja consistente. Reserve. Forre o fundo de um refratário com uma parte do requeijão. Coloque o refogado e cubra com as colheradas do requeijão. Finalize com queijo ralado parmesão. Leve ao forno médio por aproximadamente 30 minutos. Sirva com acompanhamento.

Cappuccino do Anonymus

Quando a tarde pede um estímulo diferente, este cappuccino se apresenta para atender todas as expectativas.

Ingredientes
400g de leite em pó
200g de achocolatado em pó
100g de café solúvel
2 colheres (sopa) de bicarbonato em pó
1 colher (sopa) de canela em pó

Modo de preparo
Misture todos os ingredientes e bata no liquidificador para que fique bem homogêneo.

Reserve em local seco e ao abrigo do sol. Para fazer o seu cappuccino, basta colocar uma colher de sopa da mistura em 100ml de água quente, ou ao seu gosto.

Bolo no pacote

Uma receita para empacotar e levar para todos os lugares. Uma bela alternativa para presentear amigos e visitantes.

Ingredientes
Para o pão de ló
5 ovos
1 xícara de açúcar

1 xícara de farinha de trigo
1 colher (chá) de fermento em pó
1 xícara de leite

Para a calda
1 lata de leite condensado
200ml de leite de coco
1 de xícara de leite
2 xícaras de coco ralado

Modo de preparo

Para a massa: comece deixando o forno preaquecido a 180ºC. Unte com manteiga e enfarinhe uma assadeira retangular de 33cm x 22cm

Numa tigela, misture a farinha com o fermento e reserve.

Numa tigela pequena, quebre um ovo de cada vez, separando a clara da gema. Transfira as claras para a tigela da batedeira e as gemas para outra tigela.

Bata as claras até o ponto de neve. Diminua a velocidade da batedeira e junte as gemas uma a uma, batendo a cada adição para incorporar.

Por último, junte o açúcar aos poucos, sem parar de bater, para misturar bem.

Já fora da batedeira, adicione ⅓ da farinha, passando por uma peneira, e misture delicadamente com uma espátula, de baixo para cima, para preservar o ar na massa.

Regue com parte do leite (que não pode estar gelado) e misture para incorporar, sempre com movimentos leves. Repita o procedimento, juntando mais ⅓ da farinha, depois a outra metade do leite, e termine com o restante da farinha – assim fica mais fácil de incorporar os ingredientes e evita que você mexa excessivamente a massa.

Transfira a massa para a assadeira já untada e enfarinhada, nivele com uma espátula e leve ao forno para assar por cerca de 30 minutos ou até que, ao espetar um palito na massa, ele saia limpo.

Noutra tigela, misture bem o leite condensado com o leite e o leite de coco. Mantenha o bolo na assadeira e corte em 12 ou mais pedaços. Com um garfo, faça furos por todo o bolo – assim a calda penetra melhor no bolo. Regue a calda sobre o bolo ainda quente. Deixe amornar e leve à geladeira por pelo menos 2 horas antes de servir para o bolo absorver bem a calda e firmar.

Corte os pedaços de papel alumínio e empacote cada pedaço. A sugestão do Anonymus é que coloque um pouco do coco ralado no papel.

Rabada ao molho de
vinho tinto com polenta mole

Vinho é uma bebida dinâmica, harmoniza com os pratos e acrescenta sabor às receitas. O show de sabores dessa rabada vai impressionar os convidados.

Ingredientes
1 rabo de boi
2 xícaras de água
azeite
cheiro-verde
1 cebola

2 dentes de alho
8 tomates
½ copo de vinho tinto
sal e pimenta a gosto

Para a polenta
6 xícaras de água
2 xícaras de polenta
1 caldo de carne

Modo de preparo

Corte a carne pelos nós (pode pedir ajuda para o açougueiro) e coloque para cozinhar na panela de pressão com água, sal e os temperos da sua escolha. Enquanto isso, prepare o molho. Em uma panela, coloque o azeite, a cebola, o tomate, o alho, o tempero verde, sal e pimenta e deixe apurar.

Acrescente a rabada já cozida e retirada da pressão (que deve estar bem macia) ao molho. Acrescente o vinho e mais um pouco de água.

Deixe ferver em fogo baixo até que o molho e a carne estejam incorporados.

Para a polenta, coloque a água para ferver. Enquanto isso, misture a polenta em uma xícara de água fria. Quando a água já estiver fervendo, coloque a polenta, o caldo de carne esfarelado e mexa até engrossar e pegar o ponto.

Chega a hora do sacrifício.

Churrasco no prato

Uma ideia realmente notável para quem mora em apartamento ou numa casa sem churrasqueira.

Ingredientes
1kg de carne com osso (usamos chuleta)
2 batatas-inglesas
2 cebolas
molho shoyu
azeite
sal grosso
sal e pimenta a gosto

Modo de preparo

Corte as batatas e as cebolas em rodelas. Em um refratário próprio para ir ao forno untado com azeite, faça uma base com as batatas, tempere com sal e pimenta e, em seguida, coloque a camada de cebolas em rodelas. Regue com azeite.

A carne escolhida deve ser cortada em pedaços de aproximadamente um dedo e meio de espessura. Assim, ao assar, ela não perderá seu suco. Tempere os pedaços de carne com molho shoyu e, depois, com o sal grosso. Não precisa cobrir todo o pedaço com sal.

Coloque os pedaços de carne sobre a base feita com as batatas e as cebolas.

Cubra o refratário com papel alumínio e leve ao forno preaquecido a 200°C por aproximadamente 50 minutos. Quando faltar 10 minutos para o tempo, retire o papel alumínio e deixe dourar a carne.

Está pronto para o sacrifício.

Sobremesa na taça

Uma sobremesa que encanta os olhos e o paladar, com ingredientes simples que se transformam em um espetáculo.

Ingredientes
1 lata de leite condensado
1 colher (sopa) de farinha de trigo
350ml de leite
3 gemas
1 pacote de gelatina de morango
5 colheres (sopa) de açúcar
3 claras

Modo de preparo

Numa panela, misture o leite condensado, a farinha de trigo (ou amido de milho) dissolvida no leite e as gemas. Leve ao fogo, mexendo até engrossar. Despeje numa taça de sobremesa e reserve. Prepare a gelatina conforme as instruções da embalagem e acrescente o açúcar. Deixe esfriar. Bata as claras em neve e acrescente delicadamente à gelatina já fria. Despeje a mistura da gelatina com as claras sobre o creme que já está na taça. Leve à geladeira até que fique firme.

Picadinho de luxo

Para quem tem saudades de um bom picadinho, esse realmente é irresistível. Seja pelo tipo de carne, seja pela surpresa dos sabores.

Ingredientes
300g de sobrepaleta ou lombo suíno
2 cebolas
1 pimentão
2 tomates
2 dentes de alho
150ml de suco de laranja
330ml de cerveja
1 colher (sopa) farinha de trigo
páprica picante
louro
sal e pimenta a gosto

Para a farofa
2 xícaras de farinha de mandioca torrada
½ cebola
3 colheres (sopa) de manteiga

Modo de preparo

Inicie cortando a carne em cubos, para em seguida preparar uma marinada. Numa vasilha, coloque a carne, a cebola, o pimentão, o tomate, o alho, o suco de laranja, a cerveja e os temperos. Tampe com um papel filme e deixe marinando na geladeira por no mínimo duas horas (se puder, deixe de um dia para o outro).

Numa frigideira, com um fio de azeite, coloque os pedaços de carne já marinados (retire a carne com uma escumadeira e reserve o líquido da marinada). Frite bem. Quando a carne estiver bem refogada, acrescente a farinha de trigo. Em seguida, coloque o caldo da marinada que foi reservado.

Deixe cozinhar. Enquanto isso, faça a farofinha.

Numa frigideira, refogue em azeite e manteiga a cebola. Quando a cebola estiver transparente, acrescente a farinha de mandioca torrada. Mexa até que a farofa comece a dourar.

Chegada a hora do sacrifício!

Casamento gaúcho

Churrasco e bom chimarrão, algumas misturas gaúchas são certeiras. Imagine agora esses ingredientes misturados, que sintonia eles têm.

Ingredientes
3 xícaras de arroz
300g de salsichão
300g de carne bovina
1 cebola
1 dente de alho
1 xícara de caldo de galinha
1 xícara de caldo de carne
6 xícaras de água
500g de queijo muçarela
1 molho de espinafre

azeite
sal e pimenta a gosto

Modo de preparo

Em uma panela com azeite, frite a carne cortada em cubos. Acrescente a cebola e refogue por alguns minutos. Depois, acrescente metade do arroz e refogue. Coloque metade da água e deixe cozinhar até o arroz ficar al dente.

Noutra panela, frite o salsichão cortado em rodelas. Acrescente metade da cebola e deixe refogar. Depois de alguns minutos, adicione o arroz, refogue e coloque a água para cozinhar.

Deixe esfriar um pouco. Para fazer o casamento é necessário um refratário. Monte uma camada do carreteiro de carne, coloque o queijo, uma camada das folhas de espinafre e cubra com uma camada do carreteiro de linguiça.

Finalize com mais queijo.

Leve ao forno até gratinar.

Pão carnívoro

Já pensou um pão com sabor de frango? Saudável e saboroso!

Ingredientes
300g de frango
½ cebola

50g queijo parmesão ralado
5 ovos
1 colher (sopa) azeite
½ xícara (cafezinho) água
1 colher (sopa) fermento químico
½ molho de tempero verde
mix de sementes a gosto

Modo de preparo

Inicie cozinhando o frango. Após, desfie e deixe amornar.

No liquidificador, coloque os ovos, o frango, o azeite, a cebola, o queijo e bata tudo. Acrescente a água aos poucos, se necessário, para ajudar o trabalho do liquidificador.

Numa vasilha, misture a massa feita no liquidificador com as sementes e o tempero verde (lembrando que são opcionais). Por último, acrescente o fermento.

Coloque a mistura numa forma de pão untada e leve ao forno médio, preaquecido, por aproximadamente 30 minutos.

Está pronto para o sacrifício.

Torta preguiçosa

Interessante como a variedade de ingredientes transforma uma receita simples num prato sensacional.

Ingredientes
7 maçãs fuji

suco de 1 limão
1 ½ xícara de açúcar
1 ½ xícara de farinha de trigo
1 colher (sobremesa) de canela em pó
1 colher (sopa) de fermento químico
4 ovos
3 colheres (sopa) de margarina
3 colheres de açúcar cristal com canela para polvilhar

Modo de preparo

Inicie misturando os ingredientes secos. Numa vasilha, peneire a farinha, o açúcar, a canela e o fermento. Reserve.

Unte uma forma de fundo removível com manteiga e açúcar cristal. Reserve.

Corte as maçãs em fatias (não precisam ser todas no mesmo padrão). Coloque o limão e chegou o momento da montagem.

Na forma untada e açucarada, faça a primeira camada com as maçãs, e em seguida faça uma camada fina com a farinha (misturada com os demais ingredientes secos). Vá alternando as camadas: maçãs, farinha, maçãs, farinha... A última camada deve ser de maçãs. Reserve.

Bata os ovos com a margarina e coloque por cima das camadas, fazendo furos para que o líquido adentre na torta. Para finalizar, polvilhe o açúcar cristal com a canela.

Leve ao forno médio preaquecido, por aproximadamente 40 minutos (lembre que o Anonymus sempre chama atenção para o fato de que cada forno é um forno).

Desenforme e está pronto para o sacrifício. Você pode servir com um creme, com sorvete ou sozinha.

Bolo de pão de queijo

Amado por todos, o pão de queijo é uma iguaria inigualável; a versão em formato de bolo merece o seu devido reconhecimento.

Ingredientes

3 ovos
1 xícara de leite
100g de queijo parmesão ralado
3 xícaras de polvilho doce
sal a gosto
1 colher (sopa) de fermento químico
1 xícara de requeijão
50g de queijo parmesão para decorar

Modo de preparo

No liquidificador, bata os ovos, o leite e o queijo parmesão ralado. Numa tigela, acrescente a mistura ao polvilho doce, ajuste o sal a gosto e por último acrescente o fermento, misturando suavemente.

Numa forma untada, coloque metade da massa e recheie com o requeijão. Coloque a outra parte da massa e acrescente o queijo parmesão ralado por cima.

Leve ao forno preaquecido a 180°C por aproximadamente 30 minutos.

Desenforme e está pronto para o sacrifício.

Moranguinho no copo

Uma receita nutritiva com o sabor da infância. É impossível provar e não se apaixonar.

Ingredientes
1 lata de leite condensado
1 caixinha de creme de leite
400g de iogurte natural (ou dois copinhos)
1 envelope de suco de morango em pó

Modo de preparo

No liquidificador, coloque todos os ingredientes e bata até que tudo esteja misturado. Distribua o iogurte em porções nos copos disponíveis, coloque na geladeira e após 2h está pronto para o sacrifício. Mantenha na geladeira até o consumo.

Para fazer seu próprio iogurte caseiro, aqueça um litro de leite de saquinho (não pode deixar ferver), espere amornar e acrescente um copinho de iogurte natural. Misture bem o iogurte no leite morno. É hora de deixar a mistura fermentar: cubra o recipiente com um pano de prato limpo e seco e deixe descansando em um local abafado de 8h a 12h. Após este período, conserve o iogurte na geladeira: você pode retirar um pouco (aproximadamente 200ml) e fazer o procedimento novamente.

Torta espelhada

Para aqueles que querem impressionar, o aspecto e o sabor dessa torta são incomparáveis.

Ingredientes
Para a massa
3 xícaras de farinha
100g de manteiga ou margarina
1 pitada de sal
2 colheres (sopa) de açúcar
2 ovos

Para o creme
1 lata de leite condensado
1 copo de leite
2 colheres (sopa) de amido de milho
2 gemas
½ caixinha de creme de leite
1 colher (sobremesa) manteiga

Para a cobertura
300g morangos
1 pacote de gelatina de morango
150ml água fervente
150ml água gelada

Modo de preparo

Inicie pela massa. Misture a manteiga, os ovos, o açúcar e o sal. Após, aos poucos, acrescente a farinha de trigo até que a massa solte das mãos.

Abra a massa com a ajuda de um rolo e modele em uma forma com fundo removível, com a ajuda das mãos. Não é preciso untar a forma, pois a massa já tem a manteiga.

Leve a massa para assar por 15 a 20 minutos ou até ficar dourada.

Enquanto isso, dissolva o pó para gelatina com água quente. Em seguida acrescente a água fria. Reserve a gelatina.

Para fazer o creme, misture em uma panela o leite condensado, o leite, as gemas, a manteiga e a maisena dissolvida no leite. Leve ao fogo, mexendo sempre até engrossar. Tire a panela do fogo e misture o creme de leite. Mexa bem até o creme ficar aveludado.

Vamos para a montagem.

Recheie a massa assada com todo o creme. Cubra com morangos previamente cortados. Por último, coloque a gelatina reservada. Leve a torta para a geladeira por no mínimo duas horas.

Antes de servir, desenforme.

Está pronta para a hora do sacrifício.

Pão de batata-doce

Nessa receita, tudo o que se quer é trazer o sabor da batata-doce dando sabor ao resultado de um pão.

Ingredientes
1 xícara de batata-doce cozida e amassada
½ xícara de açúcar

2 ovos
1 colher (sopa) de fermento biológico seco
4 xícaras de farinha de trigo
2 colheres (sopa) manteiga
1 xícara de leite morno
1 pitada de sal

Modo de preparo

Inicie preparando o fermento: em uma tigela, misture um pouco do leite morno e o fermento. Reserve.

Em outra tigela, misture o açúcar, os ovos, a manteiga e a batata espremida. Quando o preparo do fermento já tiver dobrado de tamanho, misture-o com os demais ingredientes.

Após misturar, acrescente a farinha, peneirando-a.

Misture a massa com a mão.

Passe para uma superfície plana e pode sovar a massa! Coloque para crescer até dobrar de volume ou conte 1 hora. Fica bem macia!

Boleie os pãezinhos e coloque em uma forma untada e enfarinhada até dobrar de volume novamente.

Dobrou de volume, pincele com uma gema. Leve ao forno a 200ºC por 30 minutos.

Não abra o forno no tempo de assar o pãozinho!

Está pronto para a hora do sacrifício.

Patê de Fígado

Acompanhamento que surpreende e qualifica as entradas de uma refeição. Sucesso garantido.

Ingredientes
1 cebola
100g de bacon
250g de fígado
100g de manteiga
suco de 1 limão
1 cálice de conhaque
sal e pimenta a gosto

Modo de preparo

Tempere o fígado fresco com limão, sal e pimenta. Enquanto isso, numa frigideira, refogue a cebola e o bacon. Quando estiver bem refogado, coloque o fígado com todo o líquido. Deixe refogar bem e reserve.

Quando o preparo do fígado já tiver amornado, bata no liquidificador junto com a manteiga, acrescentando o conhaque ao final. Corrija o sal.

Reserve o patê na geladeira por pelo menos 2h.

Está pronto para ser saboreado.

BOLO FALSO FINGIDO

Será um bolo? Será um pudim? Será uma sobremesa? Será um lanche? A resposta, na hora do sacrifício.

Ingredientes
1 xícara de açúcar para caramelizar a forma
Para a primeira etapa
4 ovos
1 lata de leite condensado
300ml de leite
Para a segunda etapa
2 ovos
¾ xícara de açúcar
¾ xícara de leite
6 colheres (sopa) de cacau em pó
6 colheres (sopa) de azeite
1 xícara de farinha de trigo
1 colher (sopa) de fermento

Modo de preparo

Inicie caramelizando uma forma de furo no meio. Você pode fazer a calda em uma panela e depois passar para a forma, ou pode caramelizar a forma com o açúcar direto no fogão. Cuide para que toda a forma fique com uma camada de caramelo.

Comece o primeiro creme. Misture os ovos, o leite condensado e o leite. Mexa bem até ficar uma mistura bem homogênea. Coloque a mistura na forma e reserve.

Faça o segundo creme, o de chocolate. Inicie misturando os ingredientes molhados: ovos, leite, azeite. Acrescente o açúcar até ficar homogêneo, em seguida acrescente o cacau. Junte a farinha peneirada aos poucos e, por fim, o fermento. A massa deve ficar bem lisa e homogênea.

Coloque esta massa na forma que já está com o primeiro creme, cuide para que seja distribuída pela forma em igualdade.

Leve ao forno preaquecido a 180ºC, em banho-maria, por aproximadamente 1h20.

Folhas crocantes

Uma receita muito especial para receber amigos numa tarde ensolarada. A preparação e os ingredientes são extremamente baratos. Seus convidados vão se encantar.

Ingredientes
500g de polvilho azedo
1 colher (sopa) sal
2 colheres (sopa) açúcar
200ml água
200ml óleo de girassol
250ml leite
1 ovo

Modo de preparo
Numa panela, aqueça a água e o óleo. Enquanto isso, misture os ingredientes secos: polvilho, açúcar e sal.

A água e o óleo devem estar quentes: aqueça-os até quase ferver (mas sem ferver). Depois, misture a água e o óleo nos ingredientes secos já misturados. Bata bem e acrescente os demais ingredientes: o leite e o ovo.

Misture bem até que fique uma massa homogênea.

Em uma forma untada e enfarinhada (preferencialmente com polvilho), espalhe a massa com uma camada bem fina. Polvilhe os temperos de seu gosto, pode ser queijo ralado, orégano etc. Lembre-se de fazer uma folha doce, polvilhando açúcar e canela.

Leve ao forno preaquecido a 180ºC por aproximadamente 30 minutos.

Espere esfriar e quebre as folhas para servir.

Está pronta a hora do sacrifício.

Fubá de festa

De repente, acontece de chegar uma visita inesperada ou surgir o dever de oferecer um pequeno regalo a um amigo e/ou amiga querida. O "Fubá de festa" é sob medida para essas amáveis emergências.

Ingredientes
2 xícaras de fubá
2 caixinhas de creme de leite
1 lata de leite condensado
1 colher (sopa) de fermento químico

Modo de preparo

Em uma tigela, misture os ingredientes com o auxílio de um fouet. O fermento é o último ingrediente a ser acrescido e deve ser misturado delicadamente. Coloque a massa em uma forma untada e enfarinhada, preferencialmente com o fubá. Leve ao forno preaquecido a 180ºC por aproximadamente 30 minutos.

Você pode servir com uma calda de goiabada ou com nata.

Está pronto para a hora do sacrifício.

Frango bêbado

Que a maioria gosta de uma cervejinha não é novidade. Ingrediente especial para este prato principal e o melhor: passa no bafômetro.

Ingredientes
1 kg de sobrecoxas com osso ou desossadas e sem pele
1 pacote de creme de cebola
1 garrafa de cerveja preta
1 copo de água

Modo de preparo

Corte as sobrecoxas em pedaços. Numa tigela, misture a água e o pó do creme de cebola. Refogue o frango numa panela com azeite até dourar. Acrescente a mistura do creme de cebola e depois a cerveja preta. Deixe pegar fervura, tampe a panela, baixe o fogo e deixe cozinhar por aproximadamente 30 minutos ou até o frango ficar macio.

Está pronto para o sacrifício.

Arroz integral colorido

A lista dos 10 ingredientes não deve assustar os marinheiros, ops!, os cozinheiros de primeira viagem. São ingredientes caseiros, simples e baratos do mercadinho da esquina. Como se fosse o comandante de uma nau, basta estar atento para perceber que a receita é fácil e, sobretudo, saborosa.

Ingredientes
1 colher de manteiga
½ pimentão vermelho
1 cebola
2 dentes de alho
1 colher (chá) cúrcuma
1 xícara de arroz integral
1 cenoura
5 vagens
1 pedaço de canela em pau
sal e pimenta a gosto
500ml de água
amendoim e passas

Modo de preparo
Inicie refogando a cebola na manteiga e óleo, depois acrescente o alho e o pimentão. Adicione a cúrcuma e misture bem. Adicione o arroz integral cru e refogue. Adicione os legumes, a canela e a água. Tempere com sal e pimenta a gosto. Deixe ferver, baixe o fogo e tampe a panela. Cozinhe até o arroz ficar no ponto. É a hora do sacrifício.

Pudim mediterrâneo

Os habitantes da região mediterrânea da Europa acostumaram-se a transformar dificuldades em facilidades, utilizando tudo o que o solo oferecia. Aqui, tão longe da região mediterrânea, mas muito perto de ingredientes que fizeram a glória gastronômica daquela região, o fundamental é combinar ingredientes simples para obter resultados saborosos.

Ingredientes
3 xícaras de leite
2 xícaras de açúcar
4 ovos
6 pães
1 lata de leite condensado
1 rama de canela
1 colher (sopa) de fermento químico
casca de 1/2 limão
casca de 1/2 laranja
anis-estrelado

Modo de preparo

Inicie colocando numa panela o leite, a casca da laranja, a casca do limão, a canela e o anis-estrelado. Coloque o pão e o deixe absorver bem o leite.

Quando começar a ferver, baixe o fogo e deixe amornar.

Enquanto o pão absorve o leite, em outra panela faça um caramelo utilizando o açúcar e a água. Coloque o açúcar e, quando ele começar a ficar dourado, acrescente a água. Use-o para caramelizar o prato.

No liquidificador, coloque os pães embebidos no leite, o leite condensado, os ovos, e o fermento. Bata bem.

Distribua o creme no prato já caramelizado.

Leve ao forno preaquecido a 180ºC, em banho-maria, coberto com o papel alumínio, por aproximadamente 40 minutos.

Desenforme e está pronto para o sacrifício.

Francesinha

Nas diversas excursões gastronômicas do Anonymus Gourmet à Europa em geral e a Portugal em especial, descobrimos diversos sabores extraordinários. Uma dessas maravilhas foi, sem dúvida, a "Francesinha", saboroso sanduíche que se pode reproduzir aqui, sem problemas.

Ingredientes
2 fatias de pão de forma
1 fatia de presunto
3 fatias de queijo muçarela
1 ovo
1 xícara de molho de tomate

Modo de preparo
Unte um recipiente que possa ir ao forno com azeite e coloque uma fatia de pão de sanduíche. Coloque o presunto e uma fatia de queijo. Com o auxílio de um cortador (pode ser de um copo pequeno) faça um furo/círculo no meio da segunda fatia. Cubra o sanduíche com esta fatia e quebre um ovo, colocando-o dentro do furo/círculo realizado.

Cubra com molho de tomate e as duas fatias de queijo.

Leve ao forno preaquecido por aproximadamente 20 minutos ou até que o ovo esteja no seu ponto preferido.

Sirva ainda quente.

Cuca alemã

A poderosa colonização alemã do interior do Rio Grande do Sul deixou um sólido patrimônio culinário, que é valorizado e enriquecido pelos descendentes dos antigos colonos. Além do patrimônio cultural, brilham novidades como a deliciosa cuca alemã.

Ingredientes
1 ovo
½ colher de sal
1 xícara de açúcar
150ml de leite
150ml de água
1 colher (sopa) de nata
1 colher (sopa) de banha
500g de farinha de trigo
1 colher (sopa) de fermento biológico seco

Para a farofa
½ xícara de açúcar
½ xícara de farinha de trigo
canela em pó a gosto
2 colheres (sopa) de nata

Modo de preparo

Misture o fermento com 2 colheres de sopa de açúcar e água, deixando crescer por alguns minutos.

Em um prato, coloque a farinha, o fermento já crescido, o ovo, o sal, o açúcar, o leite morno, a nata, a banha. Agora é bater a massa com uma colher. A mistura deve ficar bem homogênea. Você pode bater na mão ou utilizar uma batedeira, com a pá indicada para massas.

Numa forma untada e enfarinhada, coloque a massa e deixe crescer até que dobre de tamanho.

Para a farofa, misture a farinha, o açúcar, a canela e a nata com as mãos.

Na massa crescida, cubra com a farofa.

Asse em forno preaquecido a 200°C por aproximadamente 40 minutos.

Risoto de frango e champignon

Além dos alemães, também os italianos, como se sabe, deixaram bem-vindas marcas na colonização do Rio Grande do Sul. Um dos marcos mais significativos dessa presença são os risotos. Muito especialmente, brilha o extraordinário "Risoto de frango e champignon". Fácil de fazer, tem um detalhe final que o credencia para grandes momentos: o sabor do resultado e o acabamento são luxuosos.

Ingredientes
2 xícaras de arroz

1 xícara de caldo de carne
1 xícara de vinho branco
3 xícaras de água
1 cebola
2 dentes de alho
1 xícara de nata
500g de frango
100g de champignon
2 colheres (sopa) de queijo parmesão ralado
2 colheres (sopa) de manteiga
sal e pimenta a gosto

Modo de preparo

Numa caçarola, refogue os pedaços de frango na metade da cebola, metade do alho, metade da manteiga. Tempere a gosto e reserve.

Numa caçarola com boca larga (própria para risotos), inicie refogando o restante da cebola, do alho e da manteiga. Acrescente o arroz. Quando o arroz começar a ficar transparente nas bordas, acrescente o vinho branco. Deixe evaporar o álcool e, quando estiver quase secando, acrescente aos poucos o caldo. O segredo do risoto é ir acrescentando o líquido (caldo e água) aos poucos, deixando o arroz cozinhar até o ponto de sua preferência. O Anonymus prefere o arroz al dente.

Quando o arroz estiver no ponto, acrescente a nata, o queijo, o champignon, o frango refogado. Misture. Está pronto para a hora do sacrifício.

Sorvete de Verão e Cocada Queimada

São duas elaborações deliciosas que se completam de forma magnífica. O sorvete de verão do Anonymus, numa contradição poética, brilha até em pleno inverno gaúcho. Nesse caso, Anonymus lançou um complemento: a magnífica cocada queimada. No inverno ou no verão, são duas saborosas opções, que, misteriosamente, se completam como duas irmãs.

Ingredientes
Para o sorvete
500g de nata (um pote) ou creme de leite fresco
1 lata de leite condensado
1 caixinha de creme de leite
200ml leite de coco
200g coco fresco sem açúcar
2 colheres (sopa) de leite em pó

Para a cocada
1 lata de leite condensado
150g de coco queimado ralado

Modo de preparo
Na batedeira, inicie batendo a nata. Quando estiver quase no ponto de chantili, acrescente o leite condensado. Fora da batedeira, acrescente os demais ingredientes: o leite de coco, o coco ralado, o creme de leite e o leite em pó. Distribua o creme num recipiente e leve ao freezer por pelo menos 4h, ou de um dia para o outro. Um pouco antes de servir, faça a cocada. Basta misturar o leite condensado com o coco queimado numa panela e mexer bem

até começar a soltar do fundo da panela. Sirva o sorvete com a cocada ainda morna – esta mistura de texturas e temperaturas fica maravilhosa.

Torta da virada

Essa bela torta inicialmente brilhou nas comemorações de Ano Novo. De repente, passou a brilhar em festas juninas, em festas de aniversário e festividades do ano inteiro. Com orgulho, percebemos que a "Torta da virada" se tornou um símbolo de nova vida e novos tempos para muita gente.

Ingredientes
300g de biscoito champanhe
1 xícara de leite

Para o creme branco
1 lata de leite condensado
1 caixa de creme de leite
1 xícara de leite
2 colheres (sopa) de leite em pó
½ colher (sopa) de manteiga

Para a cobertura
1 caixa de moranguinho
100g de suspiro
2 potes de nata

Modo de preparo

Inicie pelo creme branco. Numa panela, misture o leite condensado, o creme de leite, o leite, o leite em pó e a manteiga. Cozinhe até engrossar e o fundo soltar do fundo da panela. Deixe esfriar e reserve.

Numa forma de fundo removível, faça a base da torta. Molhe ligeiramente o biscoito tipo champanhe, acomode-o pressionando levemente no fundo da forma. Faça uma base com os biscoitos.

Despeje o creme branco sobre a base das bolachas.

Na batedeira, bata a nata até ponto de chantili. Lave e seque os moranguinhos. Misture o morango picado na base de chantili. Coloque o chantili com os morangos sobre o creme branco.

Quebre os merenguinhos grosseiramente e coloque sobre o chantili. Enfeite com morangos e está pronto para a hora do sacrifício.

Mousse de goiabada

Uma receita com ingredientes simples, fácil de fazer e com sabor extraordinário.

Ingredientes
400g de goiabada
2 caixinhas de creme de leite
½ xícara de água

Modo de preparo

Comece derretendo a goiabada em um pouco de água. Para facilitar, você pode cortar a goiabada em pedaços. Leve ao fogo em uma panela até derreter a goiabada. Deixe esfriar. Em seguida, no liquidificador, coloque o creme de leite e a goiabada derretida. Bata até ficar bem homogêneo. Leve para a geladeira por aproximadamente 2 horas e sirva gelado.

Torta do dia

Valorize aquelas sobras do dia anterior. Elas podem te surpreender em valiosas combinações no dia seguinte. A "Torta do dia" é uma delas.

Ingredientes
3 ovos
¾ xícara de óleo
2 xícaras de leite
2 xícaras de farinha de trigo
1 tablete de caldo de galinha
1 colher (sopa) de fermento químico

Para o recheio
1 caixinha de creme de leite
1 copo de requeijão
1 ovo
3 xícaras de frango cozido
1 cenoura
sal a gosto

Para a cobertura
150g de queijo muçarela ralado

Modo de preparo
Comece pela massa. Bata no liquidificador os ovos, o óleo, o leite, o tablete de caldo de galinha. Após, misture os ingredientes batidos na farinha e por último acrescente o fermento. Reserve. Para o recheio, misture bem (pode utilizar o liquidificador) o creme de leite, o ovo e o requeijão. Misture o creme com o frango e a cenoura ralada. Corrija o sal se for necessário. Chegou a hora de montar a torta. Numa forma de fundo removível untada e enfarinhada, despeje a massa. Após, distribua o recheio uniformemente. Cubra com o queijo muçarela ralado. Leve ao forno preaquecido a 180ºC por aproximadamente 40 minutos. Está pronto para o sacrifício.

Panetone

Uma bela receita que pode se tornar um belo presente. Dentre os eventos natalinos, a troca de presentes é simbólica. Ela pode ser no formato de abraço, mas aqui vai uma dica no formato de receita.

Ingredientes
2 xícaras de frutas secas (passas, frutas cristalizadas, nozes)
3 colheres (sopa) de licor
⅓ xícara suco de laranja

2 ovos
½ colher (chá) de canela em pó
½ colher (chá) de noz-moscada em pó
½ colher (chá) de cravo-da-índia em pó
2 colheres (sobremesa) de fermento químico
4 colheres (sopa) de óleo de coco ou manteiga
gotas de extrato de amêndoas ou de baunilha ou de panetone
4 colheres (sopa) de mel
2 xícaras de farinha de arroz ou de trigo
4 colheres (sopa) de aveia em flocos
1 colher (sopa) de açúcar mascavo

Modo de preparo

Inicie deixando ⅓ das frutas embebidas com o licor e com parte do suco de laranja (aproximadamente ⅓) e reserve.

Misture em uma tigela o ovo, as especiarias (canela, cravo, noz-moscada), o fermento, o óleo de coco (ou manteiga), o extrato de amêndoas, o mel e o suco de laranja, misturando bem. Acrescente a aveia e a farinha. Quando a massa estiver homogênea, coloque as frutas embebidas no licor.

Distribua a massa em forminhas para panetone. Leve para assar em forno preaquecido a 180ºC por aproximadamente 20 minutos.

Decore com açúcar de confeiteiro e mais frutas.

Está pronto para a hora do sacrifício.

Arroz quatro latas

Outro clássico do Anonymus Gourmet. Tem um colorido especial, com um encontro de sabores.

Ingredientes
1 lata de ervilha
1 lata de milho
1 lata de palmito
1 lata de creme de leite
3 xícaras de arroz
6 xícaras de água (incluindo a água das latas)
azeite
sal a gosto

Modo de preparo

Inicie refogando o arroz em um pouco de óleo. Acrescente a ervilha, o milho e o palmito e misture. Após, junte a água, utilizando as águas das latas que foram utilizadas. Ao total, se acrescenta o dobro de água em relação à quantidade de arroz. Tempere a gosto e deixe cozinhar por aproximadamente 15 minutos ou até que o arroz fique no ponto. Desligue o fogo e junte o creme de leite, misturando bem.

Está pronto para a hora do sacrifício.

Rosca natalina

Nos dias mágicos de Natal e Ano Novo, uma receita com sabores de festa.

Ingredientes
1 xícara de açúcar
1 colher (chá) de fermento biológico seco
200ml leite morno
1 ovo
3 colheres (sopa) manteiga
4 xícaras de farinha de trigo
100g frutas cristalizadas
100g uva-passa
150g gotas chocolate
100g açúcar confeiteiro
30ml leite

Modo de preparo

Em uma tigela, misture o açúcar, o fermento e o leite morno para dissolver o fermento e deixe descansar por uns 5 minutos.

Acrescente o ovo, o leite em pó, o sal e a manteiga e misture bem. Acrescente a farinha aos poucos. Quando começar a desgrudar da vasilha, leve a massa para a mesa e comece a sovar com as mãos até a massa ficar bem lisa. Polvilhe farinha de trigo na tigela e deixe a massa descansar, coberta com um pano, por 40 minutos ou até dobrar de tamanho.

Abra a massa, com auxílio de um rolo, em forma de retângulo até que fique com aproximadamente 5 milímetros de espessura.

Distribua as frutas cristalizadas, as passas e o chocolate em gotas. Você pode distribuir tudo misturado ou, para agradar a todos da casa, fazer metade da massa com frutas e passas e a outra metade somente com chocolate.

Enrole a massa como se fosse um rocambole, apertando bem para segurar o recheio. Corte o rolo em seis partes iguais. Caso você tenha separado a parte de chocolate da parte das frutas, observe esta diferença na hora do corte.

Em uma forma com furo no meio, untada e enfarinhada, acomode os rolinhos, cubra com o pano e deixe descansar por 30 minutos.

Depois deste descanso, pincele os rolinhos com o ingrediente de sua preferência (pode ser gema, gema misturada com leite condensado, somente o leite condensado), para deixar a massa brilhosa.

Leve ao forno preaquecido a 180°C por 40 minutos ou até dourar.

Retire do forno e, enquanto esfria, faça a mistura do açúcar de confeiteiro com o leite (pode ser suco de limão) para fazer o glacê. Coloque a cobertura, decore como desejar com frutas secas ou gotas de chocolates e está pronto para a hora do sacrifício.

Torta tropical

A mistura dos ingredientes desta receita encanta os olhos e surpreende o paladar, além de enfeitar a mesa.

Ingredientes
2 ½ xícaras de maionese

1 copo de iogurte natural
5 colheres (sopa) de requeijão
2 colheres (sopa) de mostarda
3 colheres (sopa) de cheiro-verde picado
1 tomate grande sem sementes picado
2 cenouras pequenas raladas no ralo grosso
1 xícara de pepino em conserva
½ xícara de cebola
9 fatias de pão de forma sem casca para torta fria
2 latas de atum
1 pacote de batata-palha
1 xícara de leite
tomates-cereja para decorar
azeite de oliva
sal e pimenta a gosto

Modo de preparo

Inicie fazendo o molho. Misture a maionese, o iogurte e a mostarda com um pouco de azeite e vinagre. Reserve.

Corte o pepino, a cebola, a cenoura e o tomate em pedaços bem pequenos. Reserve.

Misture um pouco do molho nas duas latas de atum até ficar na consistência de um creme, ajuste o sal e o tempero se necessário e reserve.

Chegou a hora da montagem. Você pode utilizar uma forma de fundo removível para ficar mais bonita a sua torta.

Inicie com uma camada de fatias de pão sem casca. Molhe as fatias com um pouco de leite, em seguida espalhe aproximadamente ¼ do molho preparado. Coloque metade do creme de atum. Cubra com uma fatia de pão de forma, regue as fatias com o leite, espalhe mais uma parte do molho e coloque os legumes picados.

Em seguida repita a camada do creme de atum, com o pão, o leite e o molho.

Na última camada, umedeça os pães e espalhe o molho. Você pode decorar com os legumes que foram no recheio. Não esqueça a batata-palha.

Deixe na geladeira por aproximadamente 2h e pode servir.

Torta show de chocolate

Aos chocólatras de plantão, um casamento perfeito. Trata-se de um *grand finale* digno de repetição.

Ingredientes
Para a base
1 pacote de biscoitos champanhe
1 xícara de leite
1 xícara (cafezinho) café preto

Para o creme de caramelo
1 xícara de açúcar
½ pote de nata

Para o creme de chocolate
5 ovos
5 colheres (sopa) de açúcar
300g de chocolate meio amargo
chocolate picado para decorar

Modo de preparo

Inicie fazendo o creme de caramelo. Numa panela grande, coloque o açúcar até caramelizar. Em fogo baixo, acrescente a nata e misture até o caramelo se misturar na nata. Reserve.

Num prato fundo, misture o leite com o café. Molhe as bolachas rapidamente, faça com elas a base da torta em uma forma de fundo removível, apertando as bolachas embebidas no café com leite delicadamente. Reserve

Derreta o chocolate em banho-maria. Quando estiver totalmente derretido, acrescente as gemas e misture bem. Coloque o creme de chocolate em cima da camada de caramelo. Leve à geladeira por aproximadamente 4 horas, desenforme e coloque o chocolate picado para decorar.

FRANGO XADREZ

Carne de frango é um alimento cada vez mais valorizado no mundo inteiro, em receitas muito inventivas. O "Frango xadrez" é uma combinação cheia de sabores num prato maravilhoso.

Ingredientes
2 filés de frango
2 colheres (sopa) de óleo
1 cebola
1 pimentão vermelho
1 pimentão amarelo

2 talos de salsão
½ xícara de amendoim torrado
400ml de caldo de frango
2 colheres (sopa) de amido de milho
2 colheres (sopa) de molho de soja
2 colheres (sopa) de ketchup
sal e pimenta a gosto

Modo de preparo

Corte o frango em cubos e tempere. Numa caçarola, frite o frango até dourar e reserve.

Na mesma caçarola, refogue os legumes. Noutra tigela, misture o caldo de frango e o amido de milho.

Devolva o frango reservado na caçarola em que os legumes ficaram prontos. Coloque o caldo de frango com o amido de milho, o molho de soja e o ketchup e misture bem.

Torre amendoins sem pele (pode comprar prontos) e acrescente-os à caçarola. Cozinhe até engrossar e está pronto para o sacrifício.

SOBREMESA DE NOVELA

O sucesso das novelas da TV fez com que tudo nelas (inclusive as sobremesas) tenha evidência. Nesta receita, brilham ingredientes à altura dos fãs.

Ingredientes
1 lata de leite condensado

6 colheres (sopa) de amido de milho
1 caixinha de creme de leite
100g de coco ralado
200ml de leite de coco
1 litro de leite

Para a calda
1 xícara de açúcar
1 xícara de água
100g de ameixa seca

Modo de preparo

Numa panela, misture o leite condensado, o leite, o coco ralado, o leite de coco, o creme de leite e o amido de milho. Cozinhe até engrossar. Coloque numa forma untada e leve à geladeira até esfriar.

Para a calda, você pode comprar as ameixas em lata ou fazer uma calda. Numa panela, coloque a ameixa, o açúcar e a água. Deixe cozinhar e está pronto.

Após o tempo de geladeira, desenforme a sobremesa e cubra com a calda de ameixa. Está pronto para o sacrifício.

PUDIM DE SORVETE

Sobremesa que conquista pelo nome. Quem seria capaz de recusar um pudim de sorvete? Uma combinação de dois pratos de uma forma inesquecível.

Ingredientes
Para o creme de chocolate
200g de chocolate ao leite ou meio amargo
1 caixinha de creme de leite

Para o creme branco
1 ½ lata de leite condensado
2 caixinhas de creme de leite
250ml de leite
1 xícara de leite em pó

Modo de preparo

Inicie pelo creme de chocolate.

Numa tigela, coloque o chocolate em pedaços. Leve ao micro-ondas de 30 em 30 segundos até que ele esteja totalmente derretido. Você pode derreter em banho-maria. Acrescente o creme de leite no chocolate derretido. Despeje o creme de chocolate numa forma com furo no meio. Leve ao congelador por aproximadamente 30 minutos. Enquanto isso, faça o creme branco.

No liquidificador, coloque o leite condensado, o creme de leite, o leite e o leite em pó. Bata até misturar bem.

Coloque o creme branco na forma onde o creme de chocolate já está frio. Leve ao freezer por aproximadamente 4 horas. Se possível, de um dia para o outro. Para desenformar, leve rapidamente a forma congelada ao fogão para que o creme de chocolate solte.

Está pronto para o sacrifício.

Yakisoba do Anonymus

O nome é complicado, mas os ingredientes compõem um show gastronômico. Essa mistura de sabores vai te conquistar: macarrão, carne, cenoura, cebola, vagem, couve-flor, brócolis, pimentões vermelho e amarelo, repolho roxo.

Ingredientes
400g de macarrão
300g de carne
1 cenoura
1 cebola
7 vagens
½ couve-flor
½ brócoli
½ pimentão vermelho
½ pimentão amarelo
¼ repolho roxo

Modo de preparo

Inicie organizando os ingredientes. Corte os legumes e a carne em tiras e deixe reservado separadamente. Cada legume tem seu próprio tempo de cozimento. Cozinhe rapidamente o brócolis, a cenoura, a vagem e a couve-flor separadamente. Este cozimento demora aproximadamente 5 minutos.

Numa caçarola grande, comece refogando a carne cortada em tiras. Após, acrescente a cebola e os pimentões. Depois de 5 minutos, acrescente o brócoli, a couve-flor, a vagem e a cenoura. Por último acrescente o repolho.

Numa panela, aqueça 1 litro de água (pode seguir as instruções do pacote). Quando a água ferver, acrescente o macarrão e cozinhe por 5 minutos. Escorra e passe na água gelada para parar o cozimento.

Numa panela pequena, leve o molho de soja (shoyu) e o amido de milho dissolvido e cozinhe até engrossar. Como foi pouco amido de milho, ele não ficará grosso, apenas mais espesso.

Na caçarola em que estão a carne e os legumes cozidos, acrescente a massa cozida e o molho. Também acrescente o óleo de gergelim. Misture e está pronto.

BOLO DE VINHO

Essa receita, de nome atraente e incomum, tem três etapas simples e bem definidas para a montagem do bolo, na espera de um convidado especial.

Ingredientes
2 ovos
1 xícara de açúcar
1 xícara de vinho
1 pacote de suco em pó de uva
½ xícara de óleo
2 ½ xícaras de farinha de trigo
1 colher (sobremesa) de fermento químico

Para a cobertura
1 xícara de açúcar
2 xícaras de vinho

½ xícara de suco de uva
½ colher (sopa) de margarina
1 colher (sopa) de amido de milho

Para o merengue cozido
3 claras
9 colheres (sopa) de açúcar

Modo de preparo

No liquidificador, bata os ovos, o vinho, o açúcar, o suco em pó e o óleo. Quando a mistura estiver homogênea, coloque a farinha aos poucos. Por último, acrescente o fermento e bata levemente.

Leve a massa para assar, numa forma untada e enfarinhada no forno médio preaquecido por aproximadamente 30 minutos. Utilizamos a forma no formato piscininha, mas você pode utilizar a que tiver em casa.

Enquanto o forno faz o seu trabalho, vamos fazer a cobertura de vinho. Numa panela, leve o vinho, o suco de uva, o amido de milho, a margarina e o açúcar até que fique cremoso. Deixe esfriar.

Para o merengue cozido, misture as claras e o açúcar e leve ao micro-ondas por aproximadamente 1 minuto, até que a mistura aqueça. Imediatamente leve à batedeira na velocidade máxima e bata por aproximadamente 5 minutos até que o merengue fique consistente.

Chegou a hora de montar. Desenforme o bolo e coloque primeiro o creme de vinho. Em seguida, coloque a merengada.

Está pronto para a hora do sacrifício.

Strogonoff vapt-vupt

Um prato para impressionar, preparado de uma forma que você nunca viu.

Ingredientes

800g carne
2 cebolas
4 colheres (sopa) de extrato de tomate
1 dente de alho
½ xícara (cafezinho) de molho shoyu
3 xícaras de água
2 colheres (sopa) de ketchup
½ xícara (cafezinho) de vinho tinto
1 caixinha de creme de leite

Modo de preparo

Corte a carne em filetes. Pique bem as cebolas. Na panela de pressão, com um pouco de azeite, frite a carne com as cebolas. Quando estiver bem dourado, acrescente o extrato de tomate, o alho, o molho shoyu e a água. Tampe a panela de pressão e deixe cozinhar por aproximadamente 30 minutos após pegar pressão na panela.

Após este cozimento, acrescente o ketchup, o vinho tinto e deixe apurar por uns 5 minutos o molho. Por último acrescente o creme de leite.

Caso você goste, pode colocar o champignon.

Sirva com arroz e com batata-palha e está pronta a hora do sacrifício.

Sobremesa de verão

Uma receita leve e refrescante, com ingredientes numa mistura maravilhosa.

Ingredientes
1 litro de suco de laranja
1 xícara de açúcar
1 colher (sopa) de manteiga
1 colher (sopa) de amido de milho
½ xícara de água

Para a merengada
5 claras
15 colheres (sopa) de açúcar

Modo de preparo

Numa panela, coloque o suco de laranja e o açúcar. Quando começar a levantar fervura, coloque o amido de milho dissolvido na água. Por fim, junte a manteiga. Reserve o creme para esfriar.

Enquanto isso, no próprio recipiente da batedeira, junte as claras e o açúcar e misture brevemente. Aqueça esta mistura por aproximadamente 1 minuto no micro-ondas: cuidado para não cozinhar.

Leve a mistura aquecida à batedeira e bata até ficar bem firme. Está pronta a merengada.

Numa tigela de servir, distribua a merengada e coloque por cima o creme de laranja. Você pode enfeitar com raspinhas ou mesmo a casca da laranja.

Sirva gelado.

Enroladinho de Presunto e Queijo

Aquele lanche da tarde, com ingredientes da geladeira. Um ótimo prato para compartilhar com a família e os amigos.

Ingredientes
1 ovo
2 colheres (sopa) de óleo
½ xícara de leite morno
1 ½ colher (sopa) de açúcar
½ colher (sopa) de sal
2 ½ xícara de farinha
½ pacote de fermento biológico seco (5g)
100g de presunto
200g de queijo
1 copo de requeijão

Modo de preparo

Numa tigela, acrescente o ovo, o óleo, o leite morno, o açúcar e o sal. Misture bem. Acrescente aos poucos a farinha. Acrescente o fermento. Sove a massa na bancada por aproximadamente 10 minutos. Deixe a massa descansar por aproximadamente 40 minutos, ou até que a massa dobre de tamanho.

Divida a massa em dois pedaços, abrindo-a em forma de retângulo. Passe o requeijão, fatias de presunto e queijo. Dobre sobrepondo as pontas. Corte em pedaços iguais. Faça o mesmo com a outra parte da massa.

Numa forma untada e enfarinhada, coloque os pãezinhos, pincele com gema e leve ao forno preaquecido a 180ºC por aproximadamente 20 minutos ou até ficar dourado.

Está pronto para a hora do sacrifício.

Picolé no copinho

A felicidade pode ser encontrada nas pequenas coisas, com ingredientes simples e um modo de preparo prático.

Ingredientes
2 caixinhas de creme de leite
1 caixinha de leite condensado
1 xícara de leite em pó
1 xícara de água

Modo de preparo
No liquidificador, acrescente o leite, o leite condensado, o leite em pó e a água. Distribua a mistura em copinhos. Leve ao freezer e, após duas horas, coloque os palitos para picolé centralizados. Deixe no freezer por mais 4h e já pode se deliciar com este picolé.

Montanha de uvas

Um clássico dos clássicos, uma inovação. Saborosa sobremesa com uvas especiais.

Ingredientes
400g de uva verde

Para o creme
1 lata de leite condensado

1 caixinha de creme de leite
1 xícara de leite
2 colheres (sopa) de leite em pó
4 gemas
1 colher (sopa) de manteiga

Para o creme de chocolate
200g de chocolate ao leite
200g de chocolate meio amargo
1 caixinha de creme de leite

Para a merengada
4 claras
12 colheres (sopa) de açúcar

Modo de preparo

Inicie pelo creme branco. Numa panela, misture o leite condensado, o creme de leite, o leite, o leite em pó, a manteiga e as gemas peneiradas. Misture em fogo médio até engrossar. Reserve.

Corte as uvas em metades e retire as sementes. Reserve.

Leve o chocolate ao fogo em banho-maria e mexa até que esteja derretido. Retire do fogo e acrescente o creme de leite, misturando bem. Reserve.

Para fazer a merengada, misture as claras e o açúcar e leve ao micro-ondas por aproximadamente 1 minuto (dependerá do seu forno). Bata a mistura morna na velocidade máxima da batedeira.

Chegou a hora de montar.

Num prato de servir, distribua no fundo o creme branco. Coloque as uvas e em seguida o creme de chocolate. Neste momento, o segredo é dar uma "revirada" nos cremes, delicadamente.

Cubra com a merengada.

Está pronto para a hora do sacrifício.

Rocambole de salsichão

Até que um dia o saboroso salsichão fica longe do espeto e ganha o destaque de um rocambole!

Ingredientes
800g de salsichão
2 ovos
2 cebolas
3 dentes de alho
1 xícara de farinha de rosca
½ pimentão verde
½ pimentão vermelho
2 cenouras
200g de presunto
200g de queijo muçarela
2 colheres (sopa) extrato de tomate
3 colheres (sopa) molho shoyu

Modo de preparo

Abra os salsichões, retirando a pele. Acrescente os ovos, a cebola, o alho, a farinha de rosca e misture bem, até ficar uma massa homogênea. Distribua essa mistura em um papel plástico, em formato retangular, cuidando para que a espessura fique igual. Reserve.

Corte o pimentão em tirinhas. Dê uma rápida fervida na cenoura.

Comece a montagem. Coloque o presunto sobre a massa, distribua as cenouras e os pimentões e cubra com o queijo. Lembre-se de deixar as laterais e uma das pontas com aproximadamente 2cm de massa sem recheio, isso facilitará na hora de fechar.

Quando o recheio estiver bem distribuído no retângulo, enrole a massa em formato de rocambole com o auxílio do plástico, pressionando levemente para que todo o recheio se acomode.

Acomode o rocambole numa forma. Se precisar, encoste ele no canto da forma com o auxílio de uma forminha de pão.

Misture o extrato de tomate e o molho shoyu e pincele a mistura sobre todo o rocambole.

Leve ao forno preaquecido a 200ºC por aproximadamente 40 minutos.

Maravilha de uvas

Além do maravilhoso resultado, esta receita tem uma surpresa: as uvas são cozidas! O cozimento deve ser realizado com um certo cuidado: as uvas devem ficar quase um creme. Além disso, muito importante: cuide para que não grudem no fundo da panela.

Ingredientes

4 ovos
200g de manteiga sem sal
3 xícaras de farinha de trigo
2 xícaras de açúcar
1 colher (sopa) de fermento químico
4 cachos de uva preta
4 colheres de açúcar cristal

Modo de preparo

Comece levando os grãos de uvas e açúcar ao fogo para que cozinhem e fiquem quase um creme. Cuide para não grudar no fundo da panela. Massa: com a manteiga levemente derretida, bata com os ovos, açúcar e farinha. Quando desligar a batedeira, acrescente o fermento e misture bem, deixando a massa homogênea. Unte a forma e polvilhe com açúcar cristal. Coloque a massa na forma e, sobre a massa, espalhe uniformemente as uvas cozidas. Por cima, polvilhe açúcar cristal. Leve ao forno preaquecido, a aproximadamente 180ºC, e asse por 40 minutos! Está pronta a MARAVILHA! Prove e APAIXONE-SE!

ROSQUINHAS MÁGICAS

Essa receita é um sucesso, com mil e uma possibilidades. Com o cafezinho, e de sobremesa, uma mágica com certeza.

Ingredientes

3 ovos
1 xícara de açúcar
3 colheres (sopa) de óleo
3 colheres (sopa) de vinagre
4 xícaras de farinha de trigo
1 colher (sobremesa) de fermento para bolo.
raspas da casca de um limão
óleo para fritar

Para a finalização

1 xícara de açúcar
1 colher (sopa) de canela em pó
chocolate derretido

Modo de preparo

Em uma tigela, misture os ovos, o açúcar, o óleo e o vinagre. Acrescente as raspas do limão. Vá acrescentando aos poucos a farinha peneirada e, por último, o fermento. Misture e sove com delicadeza. Separe a massa em pedacinhos, faça rolinhos e molde em formato de rosquinhas. O furo no meio deve ser largo, para que na hora de fritar ele não feche.

Noutra panela, aqueça o óleo e comece a fritar as rosquinhas.

Retire as rosquinhas do óleo e passe na mistura de açúcar com canela.

Você pode passar, em algumas delas, o chocolate derretido.

Está pronto para a hora do sacrifício.

Pão de nuvem

Ingredientes que você tem na sua cozinha, misturados para uma receita das nuvens.

Ingredientes
500g de farinha de trigo
100ml de óleo
3 ovos
240ml de leite morno
10g de fermento biológico seco
2 colheres (sopa) de açúcar
½ colher (sobremesa) de sal

Para o recheio
1 lata de leite condensado OU um pote de doce de leite

Para a finalização
½ lata de leite condensado
200ml de leite
300g de leite em pó

Modo de preparo
No liquidificador, bata os ovos, o leite, o açúcar, o óleo e o fermento.

Peneire a farinha junto com o sal e acrescente aos secos os ingredientes que foram batidos no liquidificador. Misture até os ingredientes incorporarem e leve a massa para uma bancada. Sove até que a massa fique homogênea. Separe a massa em bolinhas de aproximadamente 30g. Boleie para ficar bem redonda.

Distribua os pãezinhos numa assadeira untada e enfarinhada e deixe crescerem até que dobrem de tamanho, aproximadamente 20 minutos (depende do clima).

Leve os pães para assar no forno preaquecido a 200ºC até dourar (aproximadamente 25 minutos).

Para o recheio, você pode usar doce de leite ou fazer o próprio doce de leite. Para isso, coloque numa panela de pressão uma lata de leite condensado e cozinhe por 30 minutos.

Chegou a hora da montagem.

Misture o leite condensado e o leite. Abra os pãezinhos na metade e recheie a gosto. Passe o pãozinho já recheado na mistura de leite e leite condensado e em seguida passe no leite em pó.

Faça isso com todos os pãezinhos: recheie, umedeça e passe no leite em pó.

Está pronto para o sacrifício.

Porco na cachaça

A suinocultura brasileira está conquistando o mundo. Em toda parte, se sabe que o porco não é porco! Este é o ingrediente principal e seus complementos saborosos.

Ingredientes
1 kg de pernil suíno em peça sem osso
1 abacaxi
1 pimentão vermelho

1 xícara de cachaça
2 cebolas
1 dentes de alho
1 pimenta dedo-de-moça
3 colheres (sopa) de azeite
2 colheres (chá) de cominho em pó
1 colher (sopa) de sal
pimenta-do-reino a gosto

Modo de preparo

Corte o pernil em pedaços grandes, de cerca de 8cm, e descarte o excesso de gordura (caso a peça esteja com osso, mantenha ele preso a um dos pedaços).

Transfira para uma travessa e tempere com o sal, o cominho e a pimenta-do-reino. Deixe em temperatura ambiente enquanto prepara os outros ingredientes.

Lave e seque a pimenta dedo-de-moça e o pimentão. Descarte as sementes e corte a pimenta em cubinhos.

Descasque e pique fino as cebolas e os dentes de alho.

Descarte o cabo, as sementes e corte o pimentão em pedaços grandes.

Descasque e corte o abacaxi em cubos grandes.

No copo do liquidificador coloque o pimentão e os cubos de abacaxi.

Junte a cachaça e bata até ficar liso. Reserve.

Leve ao fogo médio uma panela de pressão (sem a tampa) com capacidade para 6 litros.

Quando aquecer, regue com 1 colher (sopa) de azeite e adicione quantos pedaços couberem, um ao lado do outro. Deixe dourar por 3 minutos e vá virando com uma pinça para dourar todos os lados.

Transfira para uma travessa e repita com o restante, regando a panela com ½ colher (sopa) de azeite a cada leva.

Mantenha a panela em fogo médio e regue com ½ colher (sopa) de azeite. Adicione a cebola, tempere com uma pitada de sal e refogue por 3 minutos, até murchar. Junte o alho, a pimenta dedo-de-moça e mexa por mais 1 minuto.

Regue com o suco de abacaxi e pimentão e misture com a espátula, raspando bem o fundo da panela para dissolver os queimadinhos da carne – isso vai dar sabor ao molho.

Volte os pedaços de pernil à panela, feche a tampa e aumente o fogo. Assim que começar a apitar, diminua o fogo e deixe cozinhar por 40 minutos. Desligue o fogo e deixe toda a pressão sair.

Abra a tampa e transfira o pernil para uma travessa. Reserve numa molheira (ou tigela) cerca de ⅓ do molho para servir à parte – o restante vai ser misturado ao pernil desfiado.

Com dois garfos, desfie a carne de porco e transfira para uma tigela de servir (caso tenha usado o osso, descarte). Se preferir, coloque os pedaços de pernil numa batedeira e bata em velocidade baixa, até desfiar toda a carne. Junte o restante do molho ao pernil desfiado e misture bem. Prove e, se necessário, adicione sal e pimenta-do-reino. Sirva a seguir com o molho reservado.

Pão de mel na travessa

Uma lista extensa de ingredientes simples no dia a dia, que se dividem em camadas cheias de sabor.

Ingredientes
½ caixinha de leite condensado
150g de mel
2 colheres (sopa) de manteiga
200g de farinha de trigo
1 colher (sopa) de chocolate em pó 50%
120ml de leite
1 colher (sopa) de fermento em pó
1 colher (sobremesa) de canela em pó
1 colher (sobremesa) de cravo em pó
1 colher (sobremesa) de bicarbonato de sódio
3 claras de ovo batidas em neve

Para o recheio
2 potes de doce de leite
½ caixinha de creme de leite

Para a ganache
500g de chocolate
½ caixinha de creme de leite

Modo de preparo
Leve ao fogo o leite condensado, o mel e a manteiga para aquecer. Coloque em uma vasilha todos os secos (farinha, fermento, bicarbonato, chocolate em pó, canela, cravo em pó e fermento em pó), misture tudo e reserve.

Adicione aos secos a mistura que estava no fogo de mel, leite condensado e manteiga (estando morno) e o leite. Mexa bem. Adicione a massa às claras em neve e mexa para incorporar tudo. Coloque em forma untada e leve para assar em forno preaquecido a 170°C por mais ou menos 45 minutos.

Para a ganache, derreta o chocolate e adicione o creme de leite, mexa bem e deixe descansar

Misture o doce de leite e o creme de leite até ficar homogêneo e reserve.

Para a montagem, comece com uma camada de ganache, em seguida uma da massa pão de mel, cobrindo-a com a camada de doce de leite. Coloque a outra parte da massa de pão de mel, cobrindo ao final com o restante da ganache.

Torta champanhe

Seja bolacha ou seja biscoito, esta mistura de sabores, definitivamente, vai te surpreender.

Ingredientes
1 pacote de biscoitos champanhe
1 litro de leite
2 pacotes de mistura para pudim sabor baunilha
2 colheres (sopa) de maisena
4 colheres (sopa) de açúcar
2 barras de chocolate branco
2 barras de chocolate ao leite
2 colheres (sopa) de chocolate em pó 50%

Para a calda
5 colheres (sopa) de açúcar
5 colheres (sopa) de achocolatado em pó
1 colher (sopa) de cacau em pó
2 colheres (sopa) de margarina
½ xícara de leite

Modo de preparo

Comece montando a forma da torta. Pegue as bolachas champanhe e faça uma camada no fundo da forma escolhida e nas laterais. Molhe com um pouco de leite e reserve. A dica do Anonymus é forrar a forma com plástico-filme para facilitar na hora de desenformar.

Numa panela, coloque o leite, o amido de milho, o pó para pudim e mexa até dissolver. Leve ao fogo médio e misture até engrossar.

Separe o creme em partes iguais.

Em uma parte, ainda quente, acrescente a barra de chocolate ao leite, meia caixinha de creme de leite e o cacau em pó. Misture até ficar um creme homogêneo (o creme quente auxiliará o chocolate a derreter). Você pode utilizar o fogo, caso seja necessário, para auxiliar a derreter o chocolate.

Na outra parte do creme de baunilha, faça o mesmo com o chocolate branco. Coloque a barra de chocolate com o creme ainda quente, a ½ caixinha de creme de leite e misture até derreter. Caso necessário, você pode utilizar o fogo.

Está na hora de montar a torta. Na forma, já com os biscoitos champanhe no fundo e na lateral, coloque o creme de chocolate branco. Em seguida, coloque o creme de chocolate ao leite. Coloque as lascas das bolachas que sobraram. Leve a torta para a geladeira por no mínimo 4 horas ou de um dia para o outro.

Faça uma cobertura de chocolate: numa panela, misture o açúcar, o achocolatado, o cacau em pó, a margarina e o leite. Mexa até engrossar.

Após desenformar a torta, coloque a calda por cima e enfeite com lascas de chocolate.

Está pronto para o sacrifício.

Cocada de Páscoa

Para uma Páscoa diferente, uma sobremesa que vai te surpreender.

Ingredientes
1 caixa de leite condensado
3 ovos
100g de coco ralado
1 colher (sopa) de margarina
1 caixa de creme de leite
200g de chocolate em barra
6 colheres (sopa) de açúcar

Modo de preparo

Comece pela cocada. Numa panela, coloque o leite condensado, as gemas, o coco ralado e a margarina. Leve ao fogo em fogo baixo até o creme desgrudar do fundo da panela. Reserve.

Faça o ganache de chocolate. Você pode fazer no micro-ondas ou em banho-maria. Derreta o chocolate e acrescente o creme de leite. Misture até ficar um creme liso e homogêneo.

Para a merengada, misture as claras e o açúcar. Aqueça a mistura no micro-ondas por aproximadamente 1 minuto (a mistura deve estar morna). Leve a mistura aquecida na batedeira na velocidade máxima até que a merengada se forme.

Chegou a hora da montagem. Você pode fazer numa travessa grande e bonita ou em pequenas porções individuais.

Comece pelo creme de coco, em seguida o creme de chocolate e finalize com a merengada. Caso você tenha um maçarico em casa, você pode maçaricar a merengada até que fique douradinha.

Está pronto para a hora do sacrifício.

Cuca baiana

O coco é o ingrediente principal. Venha descobrir o que a "Cuca baiana" tem!

Ingredientes
3 ovos
300g de açúcar
350g de farinha de trigo
100g de nata
200ml de leite

10g de fermento químico instantâneo
100g de amido de milho
200g de coco ralado
50g de margarina
1 caixa de leite condensado

Modo de preparo

Comece pela farofa. Misture a margarina com o coco, mexendo até formar uma farofa. Acrescente um pouco do leite condensado para umedecer, para auxiliar a formação da farofa.

Na batedeira, coloque os ovos e o açúcar. Bata estes ingredientes até a massa ficar clara. Acrescente a nata e volte a bater até formar o creme. Depois, acrescente o amido de milho, o leite e volte a bater. Vá acrescentando a farinha aos poucos até chegar numa massa mais firme. Por fim, acrescente o fermento químico e misture delicadamente.

Numa assadeira untada e enfarinhada, coloque a massa, deixando espaço para a cuca crescer. Cubra a massa com a farofa de coco.

Leve ao forno preaquecido a 180ºC por aproximadamente 30 a 35 minutos.

Depois de pronto, coloque por cima o restante do leite condensado.

Delícia de sardinha

Um prato tradicional das reuniões familiares. Todos os segredos desvendados desta iguaria fenomenal.

Ingredientes
4 xícaras de leite
6 ovos
2 xícaras de queijo muçarela ralado
5 xícaras de farinha
2 colheres (sopa) de fermento químico
1 cebola
2 dentes de alho
1 lata de tomate pelado
2 colheres (sopa) de extrato de tomate
3 latas de sardinha
1 xícara de água
sal, azeite e pimenta a gosto

Modo de preparo

Bata no liquidificador o leite, o sal, os ovos e o queijo ralado até obter uma mistura uniforme.

Adicione a farinha de trigo e por último o fermento, batendo até formar uma massa lisa. Despeje a massa em uma forma retangular untada e enfarinhada (30cm x 25cm). Leve ao forno preaquecido a 180ºC por 30 minutos.

Em uma panela, refogue a cebola e o alho até dourar. Adicione os tomates pelados e o extrato de tomate, cozinhe em fogo baixo até formar um molho.

Adicione no molho a sardinha, ajuste o sal e tempere a gosto.

Retire a massa do forno, faça furos na superfície com o garfo, coloque o molho por cima e devolva ao forno por mais 30 minutos.

Lasanha do chef

Quem disse que lasanha não pode ser fit?
Nesta receita, os sabores se complementam para se transformar num maravilhoso prato principal.

Ingredientes
4 abobrinhas

Para o molho branco
50g de manteiga
50g de farinha
1 litro de leite
sal e pimenta a gosto
100g de queijo muçarela
50g de creme de leite

Para o molho vermelho
400g de carne moída
3 dentes de alho
2 latas de tomates pelados
2 colheres (sopa) de extrato de tomate
1 cebola
azeite e sal a gosto

Modo de preparo

Fatie as abobrinhas no sentido do comprimento. Disponha as fatias numa forma, tempere com sal, pimenta e azeite e leve ao forno por alguns minutos. Reserve.

Numa panela, misture a farinha e a manteiga em fogo baixo até formar uma base. Acrescente aos poucos o leite, tempere com sal e pimenta, e adicione o queijo e o creme de leite. Misture até engrossar.

Numa caçarola, refogue a cebola e o alho. Depois acrescente a carne moída. Por fim, acrescente os tomates pelados e o extrato de tomate. Tempere a gosto e deixe apurar em fogo baixo.

Para a montagem, intercale uma camada de abobrinha, uma de molho, uma de presunto, uma de muçarela, uma de molho de carne até finalizar. Por último, polvilhe o queijo parmesão.

Leve para gratinar em fogo baixo por aproximadamente 25 minutos.

Palha de limão

Uma sobremesa italiana, com o gostinho brasileiro.

Ingredientes
2 latas de leite condensado
4 colheres (sopa) de leite em pó
2 colheres (sopa) de manteiga
1 caixa de creme de leite
suco de um limão
raspas de limão
300g de bolacha maria
200g de leite em pó

Modo de preparo
Numa panela, leve o leite condensado, o leite em pó, a manteiga e o creme de leite ao fogo médio e baixo até desgrudar

do fundo. Depois, acrescente as raspas de limão. Finalize acrescentando o suco de limão aos poucos. Reserve.

Quebre grosseiramente as bolachas maria. Misture as bolachas quebradas ao creme.

Em uma forma forrada com plástico-filme, espalhe a mistura em formato regular, cuidando para ficar com a mesma espessura. Cubra com o plástico-filme. Deixe na geladeira por aproximadamente 4h.

Corte em pedaços quadrados, passe no leite em pó e está pronto para o sacrifício.

Fofura de limão

Uma receita especial para o cafezinho de domingo. Experimente, você não vai se arrepender.

Ingredientes para o bolo
3 ovos
2 xícaras de açúcar
1 xícara de óleo
1 xícara de água
1 xícara de suco de limão
4 xícaras de farinha de trigo
1 colher (sopa) de fermento químico
raspas de limão

Para a cobertura
1 lata de leite condensado

suco de dois limões
raspas de limão

Modo de preparo

Na batedeira, bata os ovos, o açúcar, o óleo, as raspas de limão e o suco de limão por 2 minutos até ficar uma massa homogênea.

Peneire a farinha com o fermento e misture na batedeira. A massa fica bem líquida.

Despeje a massa numa forma com furo no meio (aproximadamente 20cm) untada e enfarinhada. Leve ao forno preaquecido a 180ºC por aproximadamente 30 minutos, até ficar sequinho.

Enquanto o forno faz o seu trabalho, faça a cobertura.

Misture com um fouet o leite condensado e o suco de limão. Reserve na geladeira por aproximadamente 1h.

Desenforme o bolo e cubra com a cobertura de limão.

PÃO DE MILHO

Uma receita prática e saborosa para um café da manhã diferenciado.

Ingredientes
2 ovos
2 sachês de fermento biológico seco
2 latas de milho verde

1 lata de leite
1 lata de água
½ xícara de óleo
1 colher (sopa) de manteiga
1 lata de fubá
1 colher (chá) de sal
1 colher (sopa) de açúcar
1kg de farinha de trigo

Modo de preparo

No liquidificador, bata os ovos, o milho, o leite, a água, o óleo, o açúcar, a manteiga, o sal e o fubá até criar um creme homogêneo. Por último, acrescente o fermento e bata mais um pouco.

Misture com a farinha de trigo aos poucos. Sove até a massa ficar lisa. Deixe descansando por uma hora, coberto com um pano de prato.

Corte em três partes. Abra cada pedaço com o rolo de massa e enrole, apertando até ficar o formato do pão. Deixe descansar até dobrar de tamanho.

Pincele gema e polvilhe um pouco de fubá.

Leve ao forno preaquecido a 180ºC por 40 minutos

Moranga turbinada

Combina com o inverno e com o verão, de entradinha ou prato principal.

Ingredientes
500g de moranga cozida
200g de bacon
1 cebola
1 dente de alho
200ml de caldo de legumes
2 colheres (sopa) de requeijão
tempero verde a gosto

Modo de preparo

Cozinhe a moranga e reserve. Noutra panela, refogue a cebola, o bacon e os temperos da sua preferência. Triture a moranga já cozida utilizando um pouco da água do cozimento. Coloque a moranga em uma panela de sopa (alta) e acrescente o refogado de bacon e a cebola. Acrescente o caldo de legumes e deixe apurar. Para finalizar, acrescente o requeijão e o tempero verde.

BANANA DE FORNO

Alguns ingredientes, uma mistura inesperada para uma sobremesa diferente.

Ingredientes
1 penca de bananas
1 lata de leite condensado
1 pote de nata
1 caixinha de creme de leite

1 colher (sopa) de açúcar
canela em pó a gosto

Modo de preparo

Unte uma travessa de vidro que possa ir ao forno. Fatie metade das bananas ao comprido, distribuindo de forma a cobrir o fundo da travessa. Cubra as bananas com metade do leite condensado, de modo que todas as bananas estejam cobertas. Polvilhe canela. Faça uma nova camada: bananas cortadas ao comprido, o restante do leite condensado e mais canela. Finalize com um pouco de queijo ralado. Leve ao forno preaquecido a 180°C por aproximadamente 25 minutos.

Na batedeira, coloque a nata, o creme de leite e o açúcar. Bata até ficar consistente.

Após assadas, deixe as bananas amornar e em seguida cubra com o creme batido na batedeira. Polvilhe canela. Leve à geladeira por aproximadamente 2h e está pronto para o sacrifício.

Surpresa de morango

Uma receita de sobremesa que impressiona pelo visual e pelo sabor.

Ingredientes
2 caixinhas de creme de leite
1 copo de iogurte natural

1 lata de leite condensado
1 envelope de suco de morango em pó
3 claras
6 colheres (sopa) de açúcar
1 pacote de bolacha negresco

Modo de preparo

Bata os ingredientes no liquidificador até ficar cremoso. Coloque como primeira camada num prato de servir. Quebre as bolachas e coloque em cima do creme de morango. Misture as claras e o açúcar na tigela da batedeira, leve ao micro-ondas por aproximadamente 1 minuto, ou até esquentá-las. Leve direto na batedeira na velocidade máxima e bata até ficar uma merengada firme. Coloque a merengada em cima das bolachas. Enfeite com bolachas quebradas e moranguinhos. Sirva gelado.

Leite caramelado

Para aquecer as tardes frias do inverno, uma receita diferente de "chocolate quente".

Ingredientes
1 xícara de açúcar
½ litro de leite
½ lata de creme de leite
1 colher (sopa) amido de milho
noz-moscada

Modo de preparo

Numa panela, coloque o açúcar até caramelizar. Acrescente o leite e deixe derreter a placa de açúcar. Deixe apurar. Acrescente o creme de leite e o amido de milho misturado em um pouco do leite. Tempere com noz-moscada.

Mousse de abacate

Sem açúcar, sem leite, uma mousse diferente, capaz de despertar a curiosidade e matar aquela vontade de um doce.

Ingredientes
1 abacate
2 colheres (sopa) de cacau em pó
2 colheres (sopa) de açúcar
1 colher (sopa) de mel
suco de meio limão
½ xícara de água

Modo de preparo
Bata tudo no liquidificador até ficar cremoso. Deixe gelar.

Torta da conquista

Para aqueles desbravadores em busca de conquista, um prato prático para adoçar a vida.

Ingredientes
2 pacotes de biscoito de maisena
3 colheres (sopa) de manteiga
150g de coco ralado seco
1 ½ caixa de creme de leite
½ xícara de açúcar
3 ovos (1 vai na farofa e 2 no creme de coco)
1 pote de doce de leite de 300g

Modo de preparo
Triture os biscoitos até ficar na consistência de farofa. Adicione a manteiga derretida e o ovo até formar uma farofinha. Coloque a farofa numa forma de fundo removível e com a ponta dos dedos ajeite até forrar o fundo e as laterais. Reserve. Misture o doce de leite com ½ caixa de creme de leite e faça a primeira camada da torta. Numa tigela, misture o coco ralado, o restante do creme de leite, o açúcar e os ovos. Misture bem. Está na hora da montagem. Primeiro o doce de leite e, depois, a outra camada da mistura com o coco. Leve ao forno preaquecido a 180ºC por aproximadamente 30 minutos ou até dourar.

Torta de Maionese

Uma receita diferente, com um ingrediente inusitado. Com certeza ela facilita na hora da montagem e surpreende no resultado.

Ingredientes
Para a massa
2 xícaras de maionese
4 xícaras de farinha

Para o recheio
500g de frango
½ tomate
½ cebola
3 colheres (sopa) de milho
2 colheres (sopa) de azeitona
200g de requeijão

Modo de preparo
Comece pela massa. Numa tigela, coloque a maionese e vá acrescentando a farinha aos poucos, até ela ficar consistente. Divida a massa: uma parte será aberta com rolo e vai forrar o fundo e as laterais de uma forma de fundo removível. Para o recheio, refogue o frango com cebola, tomate e temperos a gosto. Misture o milho, a azeitona e o requeijão. Coloque o recheio na forma e cubra com o restante da massa (abrir e cortar em tiras), pincele gemas. Leve ao forno preaquecido a 180ºC por aproximadamente 50 minutos

Medalha do Rei

Não faltam sabores extraordinários, que agradam a todos os paladares. Uma receita digna de medalha.

Ingredientes
1 kg de carne moída
1 pacote de creme de cebola
1 ovo
4 dentes de alho
2 colheres (sopa) de farinha de rosca
2 colheres (sopa) de azeite
2 colheres (sopa) de queijo ralado
500g de bacon
200g de muçarela
2 copos de leite
100g de manteiga
1 cebola
2 colheres (sopa) de farinha de trigo
noz-moscada, sal, pimenta e tempero verde a gosto.

Modo de preparo
Numa vasilha, misture a carne, o creme de cebola, o ovo, o alho, o óleo, o queijo ralado, o tempero verde, o sal e a pimenta a gosto. Amasse bem e acrescente a farinha de rosca até dar liga. Separe pequenas porções, enrole como almôndegas e enrole o bacon. Distribua numa assadeira untada. Leve ao forno por aproximadamente 40 minutos coberto com papel alumínio no forno a 200ºC. Para o molho branco, coloque a manteiga e a cebola para refogar. Depois, acrescente a farinha de trigo. Coloque o leite, o sal, a noz-moscada e mexa até engrossar. Depois dos 40 minutos, cubra a carne com o molho branco e o queijo muçarela e deixe gratinar.

Chipa uruguaia

Reza a lenda que, ao visitar nossas praias maravilhosas, os hermanos uruguaios deixaram em agradecimento esse petisco saboroso.

Ingredientes
250g de polvilho azedo
100g de queijo ralado
50g de manteiga
1 ovo
100ml de leite morno
sal a gosto
goiabada a gosto

Modo de preparo

Misture o polvilho, o queijo ralado, o ovo e a manteiga. Vá misturando o leite morno aos poucos, até a massa não grudar na mão. Separe em porções e faça um rolinho em formato de ferradura. Caso você queira, pode rechear com goiabada: basta cortar e colocar a goiabada dentro. Distribua numa forma untada. Leve ao forno preaquecido a 200ºC por aproximadamente 20 minutos ou até que fique douradinha.

Bolo calda de laranja

Um bolo deslumbrante, com poucos ingredientes, baratos e fáceis de encontrar. Em 1 hora de forno, esta maravilha pode ser levada à mesa.

Ingredientes
Para a calda

2 copos de suco de laranja
1 ½ copo de açúcar
1 colher (sopa) de margarina

Para o bolo

150g de margarina
2 ovos
1 copo de açúcar
1 copo de suco de laranja
3 copos de farinha de trigo
1 colher (sopa) de fermento químico

Modo de preparo

Comece pela calda. Coloque o suco, o açúcar e a margarina numa panela e cozinhe por 5 minutos. Reserve.

Na batedeira, bata a margarina, o açúcar e os ovos até formar um creme claro. Peneire a farinha de trigo e o fermento. Acrescente aos poucos o creme da batedeira. Misture aos poucos o suco de laranja. Misture até ficar uma massa homogênea.

Numa forma untada com margarina, distribua a massa. Depois, cubra com a calda de laranja.

Leve ao forno preaquecido a 180ºC por aproximadamente 1 hora.

Torta indiana

Cheia de especiarias, faz lembrar das grandes navegações, em busca destes ingredientes que transformam os sabores.

Ingredientes
Para o bolo
6 ovos
1 xícara de açúcar
1 ½ xícara de farinha de rosca
100g de manteiga
1 colher (sopa) de canela
1 colher (sopa) de fermento

Para a cobertura/recheio
2 caixas de leite condensado
3 xícaras de leite
4 gemas
2 colheres (sopa) de manteiga
canela a gosto para polvilhar

Modo de preparo

Comece batendo as claras em neve. Em outra tigela, bata as gemas, o açúcar e a manteiga até formar um creme. Acrescente a farinha e a canela. Depois, misture as claras em neve delicadamente. Por último acrescente o fermento.

Coloque numa forma untada e enfarinhada, leve ao forno preaquecido a 180ºC por 30 minutos.

Enquanto o bolo está assando, faça o recheio/cobertura.

Numa panela, acrescente o leite condensado, o leite, as gemas peneiradas, a manteiga e mexa até engrossar.

Você pode usar somente como cobertura, ou cortar o bolo e rechear. Para finalizar, polvilhe canela.

Abacaxi baiano

Um casamento perfeito: o suco do abacaxi e o coco ralado.

Ingredientes
Para a cocada
½ pacote (100g) de coco ralado
1 caixa de creme de leite
1 colher (sopa) de manteiga
1 xícara de açúcar

Para o creme
1 lata de leite condensado
2 caixas de creme de leite
suco de 1 limão
½ xícara de suco concentrado de abacaxi

Modo de preparo

Comece pela cocada: numa panela, coloque o açúcar e, quando ele estiver caramelizado, acrescente a manteiga. Quando estiver homogêneo, acrescente o coco e meia caixa de creme de leite. Mexa até pegar ponto e finalize com a outra metade da caixa de creme de leite. Reserve. Para o creme branco, misture o leite condensado, o creme de leite, o suco de limão e o suco de abacaxi até ficar homogêneo. Para a montagem, coloque o creme numa travessa e, por cima, a cocada. Leve à geladeira por aproximadamente 15 minutos e está pronto para a hora do sacrifício.

Pipoca gourmet

Receita para acompanhar um bom filme e adoçar a vida.

Ingredientes
4 colheres (sopa) de azeite
3 colheres (sopa) de açúcar
2 colheres (sopa) de achocolatado
½ xícara de milho de pipoca

Modo de preparo
Coloque os ingredientes na pipoqueira e misture. Tampe a panela e continue mexendo sempre até as pipocas estourarem!

Mágica de limão

A mistura de limão e chocolate, numa torta especial, vai mostrar que o doce e o amargo realmente combinam.

Ingredientes
150g de biscoito
80g de manteiga
1 lata de leite condensado
1 caixa de creme de leite
5 colheres (sopa) de leite em pó
4 limões espremidos
200g de chocolate

1 caixa de creme de leite
1 pote de nata
2 colheres (sopa) de açúcar

Modo de preparo

Triture o biscoito e junte a manteiga derretida até formar uma massa homogênea. Distribua em uma forma de fundo removível, somente no fundo.

No liquidificador, bata o leite condensado, o suco dos limões, o creme de leite e o leite em pó. Bata até ficar homogêneo. Coloque o creme por cima da massa de bolacha e leve para gelar.

Em outro refratário, misture o chocolate com o creme de leite e leve ao micro-ondas por um minuto. Caso precise, pode levar por mais 30 segundos, até que o chocolate esteja derretido, formando uma ganache.

Na batedeira, bata a nata e o açúcar até formar um chantili.

Para a montagem, comece pela camada do creme de limão, em seguida a ganache e por último o chantili.

Leve para gelar por 2 horas e está pronto para o sacrifício.

Pão de churrasco

Um acompanhamento perfeito para o churrasco, que pode roubar a cena e tornar-se o prato principal.

Ingredientes
Para o pão
1 ovo
2 colheres (sopa) de açúcar
1 colher (chá) de fermento biológico
2 xícaras de farinha de trigo
80ml leite morno
1/2 colher (chá) de sal
2 colheres (sopa) de manteiga

Para o creme de alho
4 dentes de alho
1 colher (sopa) de maionese
1 colher (sopa) de ovo (aquele reservado)
1 colher (sopa) de manteiga
1 colher (sopa) de requeijão
sal, cheiro-verde e muçarela a gosto

Modo de preparo

Com a ajuda de um garfo, bata o ovo e reserve uma colher (sopa). Com o restante do ovo, ative o fermento, juntando, para isso, o açúcar e misture bem. Adicione o leite e a farinha e misture para incorporar. Deixe a massa descansar por aproximadamente 15 minutos em um lugar quente (pode ser dentro do forno). Passados os 15 minutos, acrescente a manteiga e o sal e comece a sovar, entre 10 e 15 minutos. Deixe a massa numa forma descansando por 1 hora. Enquanto isso, faça o creme de alho: em uma tigela, misture o alho (previamente macerado), o sal, o ovo, a maionese e a manteiga. Acrescente cheiro-verde.

Torta cremosa de alho-poró

Um sabor espetacular, com um recheio sensacional. Experimente fazer.

Ingredientes
Para a massa
2 xícaras de farinha de trigo
1 colher (chá) de sal
1 colher (chá) de fermento em pó
½ xícara de água quente
½ xícara de óleo vegetal

Para o recheio
2 colheres (sopa) de azeite de oliva
½ cebola picada
1 talo médio de alho-poró
400g de creme de leite
3 colheres (sopa) de requeijão
100g de muçarela em fiapo
½ colher (chá) de sal
1 pitada de pimenta-do-reino
100g de queijo parmesão ralado

Modo de preparo

Comece misturando todos os ingredientes da massa. Ela chegará a um ponto homogêneo para modelar na forma. Abra a massa numa forma de fundo removível, de maneira que cubra todo o fundo da forma e faça uma camada leve modelando a massa nas laterais da forma com mais ou menos dois dedos de altura. Reserve. Em uma caçarola, coloque o azeite e acrescente a cebola para refogar. Em seguida acrescente o alho-poró picado e tempere a gosto com sal e pimenta. Após, abaixe totalmente o fogo e acrescente o creme de leite, o requeijão e a muçarela. São minutos no fogo baixo, para não agredir o creme de leite. Desligue.

Coloque o recheio na forma onde a massa foi modelada e polvilhe com o queijo parmesão, finalizando a torta.

Leve ao forno preaquecido a 180ºC até gratinar o queijo, aproximadamente 45 minutos.

Índice alfabético

Abacaxi baiano	256
Abóbora turbinada	57
Água turbinada	138
Aipim de festa	78
Ambrosia de forno	119
Ameixas nevadas	125
Amendoim cri-cri	100
Argolinhas de limão	93
Arroz da china pressionada	109
Arroz de costela	171
Arroz gambá	49
Arroz integral colorido	197
Arroz integral com legumes	134
Arroz natalino	147
Arroz piamontese	120
Arroz pressionado	133
Arroz quatro latas	209
Banana de forno	246
Batata turbinada	35
Bifão italiano	110
Bisteca de verão	17
Bolo caipira	45
Bolo calda de chocolate	15
Bolo calda de laranja	254
Bolo caramelado	103
Bolo da feira	156

Bolo da vovó	157
Bolo de bergamota	52
Bolo de cerveja preta	94
Bolo de chocolate com laranja	68
Bolo de chocolate sem glúten	54
Bolo de inverno	61
Bolo de pão de queijo	187
Bolo de Páscoa	39
Bolo de travessa	83
Bolo de uva	18
Bolo de vinho	219
Bolo falso fingido	193
Bolo inglês	9
Bolo junino	166
Bolo na cerveja	20
Bolo natureba de frutas	10
Bolo ninho	163
Bolo no pacote	176
Bolo romeu e julieta	74
Brigadeiro gourmet	99
Brownie gourmet	105
Brownie recheado	77
Cachorrinho do Anonymus	135
Calzone do Anonymus	70
Canjica turbinada	168
Cappuccino do Anonymus	176
Caramelo nevado	173
Carreteiro de charque	124
Carreteiro do rei	86
Casamento gaúcho	183
Chico balanceado	37
Chipa uruguaia	253
Chocolate quente	161

Choripan de forno	169
Churrasco na pressão com carvão	38
Churrasco no prato	180
Churrasquinho com melado	21
Cocada de Páscoa	237
Cookies natureba	26
Costela ao molho de laranja	111
Costeletas de porco com uvas	24
Costelinhas de porco com cebolas caramelizadas	73
Cuca alemã	200
Cuca baiana	238
Cuca baiana	43
Cuca de abacaxi	158
Cuca de luxo	160
Cuca gelada de chocolate	132
Cuca Nova York	71
Cupcake com doce de leite	130
Cuquinha gaúcha	113
Delícia de Páscoa	98
Delícia de sardinha	240
Enroladinho de presunto e queijo	223
Entrevero	51
Festival da pizza	154
Fofura de limão	243
Folhas crocantes	194
Francesinha	199
Frango à marguerita	69
Frango bêbado	196
Frango dos deuses	175
Frango enrolado	42
Frango espanhol	19
Frango mágico	139
Frango xadrez	214

Fritada democrática	13
Fubá de festa	195
Gaita de forno	58
Galinha dourada	116
Gelado de morango	8
Gelado de uvas	22
Guisadinho de luxo	32
Lasanha do chef	241
Leite caramelado	248
Linguicinha de festa	60
Lombinho chinês	11
Lombo do rei	62
Macarrão com limão	172
Maçãs ao forno	64
Mágica de limão	257
Maravilha de uvas	227
Medalha do rei	252
Minibolo de chocolate	173
Montanha de uvas	224
Moranga turbinada	245
Moranguinho no copo	188
Mousse de abacate	249
Mousse de goiabada	205
Mousse preto e branco	12
Mousse vapt-vupt	89
Paeja rio-grandense	141
Palha de limão	242
Panetone	207
Pão carnívoro	184
Pão de batata-doce	190
Pão de canela	95
Pão de churrasco	259
Pão de leite condensado	114

Pão de mel na travessa 234
Pão de milho sem glúten 91
Pão de milho 244
Pão de moranga (sem glúten) 28
Pão de nuvem 230
Pão mágico 34
Pão na caixa 165
Pão rústico 115
Patê de fígado 192
Pavê festivo 143
Pecado mortal 151
Peixe empacotado 7
Peixe escondido 30
Peixe na moranga 41
Pernil bêbado na pressão 149
Pescado na travessa 90
Picadinho de luxo 182
Picolé caseiro 106
Picolé de frutas 98
Picolé no copinho 224
Pipoca gourmet 257
Pizza de batata 167
Pizza de frigideira 96
Polenta do rei 123
Porco na cachaça 231
Porquinho bêbado 46
Pudim de doce de leite 129
Pudim de leite 2 minutos 140
Pudim de sorvete 216
Pudim mediterrâneo 198
Pudim três leites 50
Quindão de chocolate 122
Rabada ao molho de vinho tinto com polenta mole ... 178

Revirado de banana	107
Risoto campeiro	128
Risoto de frango e champignon	201
Rocambole à Califórnia	152
Rocambole de salsichão	226
Rocambole namorador	31
Rolo de coco	84
Rosca natalina	210
Rosquinhas mágicas	228
Salpicão	147
Sobremesa de novela	215
Sobremesa de verão	222
Sobremesa na taça	181
Sonhos assados	87
Sorvete de banana caramelada	25
Sorvete de luxo	104
Sorvete de verão e cocada queimada	203
Strogonoff vapt-vupt	221
Suflê de doce de leite	60
Super arroz de forno	162
Super mousse de chocolate	36
Surpresa de atum	47
Surpresa de morango	247
Tatu coroado	56
Tentação de coco	66
Tentação de morango	101
Torta bacana	145
Torta champanhe	235
Torta cremosa de alho-poró	260
Torta crespa	137
Torta da conquista	250
Torta da mamãe	48
Torta da virada	204

Torta de arroz.. 81
Torta de batata-doce ralada recheada com frango...... 27
Torta de calabresa 127
Torta de maionese... 251
Torta de marido 121
Torta de pão 117
Torta de verão 150
Torta do dia 206
Torta espelhada 189
Torta indiana... 255
Torta integral de atum 65
Torta preguiçosa 185
Torta show de chocolate.. 213
Torta suspiro de limão... 23
Torta tropical 211
Torta turbinada de queijo.. 75
Trança de maçã 79
Vaca atolada 53
Yakisoba do Anonymus... 218

Coleção **L&PM** POCKET (Lançamentos mais recentes)

1058. **Pintou sujeira!** – Mauricio de Sousa
1059. **Contos de Mamãe Gansa** – Charles Perrault
1060. **A interpretação dos sonhos: vol. 1** – Freud
1061. **A interpretação dos sonhos: vol. 2** – Freud
1062. **Frufru Rataplã Dolores** – Dalton Trevisan
1063. **As melhores histórias da mitologia egípcia** – Carmem Seganfredo e A.S. Franchini
1064. **Infância. Adolescência. Juventude** – Tolstói
1065. **As consolações da filosofia** – Alain de Botton
1066. **Diários de Jack Kerouac – 1947-1954**
1067. **Revolução Francesa – vol. 1** – Max Gallo
1068. **Revolução Francesa – vol. 2** – Max Gallo
1069. **O detetive Parker Pyne** – Agatha Christie
1070. **Memórias do esquecimento** – Flávio Tavares
1071. **Drogas** – Leslie Iversen
1072. **Manual de ecologia (vol.2)** – J. Lutzenberger
1073. **Como andar no labirinto** – Affonso Romano de Sant'Anna
1074. **A orquídea e o serial killer** – Juremir Machado da Silva
1075. **Amor nos tempos de fúria** – Lawrence Ferlinghetti
1076. **A aventura do pudim de Natal** – Agatha Christie
1078. **Amores que matam** – Patricia Faur
1079. **Histórias de pescador** – Mauricio de Sousa
1080. **Pedaços de um caderno manchado de vinho** – Bukowski
1081. **A ferro e fogo: tempo de solidão (vol.1)** – Josué Guimarães
1082. **A ferro e fogo: tempo de guerra (vol.2)** – Josué Guimarães
1084(17). **Desembarcando o Alzheimer** – Dr. Fernando Lucchese e Dra. Ana Hartmann
1085. **A maldição do espelho** – Agatha Christie
1086. **Uma breve história da filosofia** – Nigel Warburton
1088. **Heróis da História** – Will Durant
1089. **Concerto campestre** – L. A. de Assis Brasil
1090. **Morte nas nuvens** – Agatha Christie
1092. **Aventura em Bagdá** – Agatha Christie
1093. **O cavalo amarelo** – Agatha Christie
1094. **O método de interpretação dos sonhos** – Freud
1095. **Sonetos de amor e desamor** – Vários
1096. **120 tirinhas do Dilbert** – Scott Adams
1097. **200 fábulas de Esopo**
1098. **O curioso caso de Benjamin Button** – F. Scott Fitzgerald
1099. **Piadas para sempre: uma antologia para morrer de rir** – Visconde da Casa Verde
1100. **Hamlet (Mangá)** – Shakespeare
1101. **A arte da guerra (Mangá)** – Sun Tzu
1104. **As melhores histórias da Bíblia (vol.1)** – A. S. Franchini e Carmen Seganfredo
1105. **As melhores histórias da Bíblia (vol.2)** – A. S. Franchini e Carmen Seganfredo
1106. **Psicologia das massas e análise do eu** – Freud
1107. **Guerra Civil Espanhola** – Helen Graham
1108. **A autoestrada do sul e outras histórias** – Julio Cortázar
1109. **O mistério dos sete relógios** – Agatha Christie
1110. **Peanuts: Ninguém gosta de mim... (amor)** – Charles Schulz
1111. **Cadê o bolo?** – Mauricio de Sousa
1112. **O filósofo ignorante** – Voltaire
1113. **Totem e tabu** – Freud
1114. **Filosofia pré-socrática** – Catherine Osborne
1115. **Desejo de status** – Alain de Botton
1118. **Passageiro para Frankfurt** – Agatha Christie
1120. **Kill All Enemies** – Melvin Burgess
1121. **A morte da sra. McGinty** – Agatha Christie
1122. **Revolução Russa** – S. A. Smith
1123. **Até você, Capitu?** – Dalton Trevisan
1124. **O grande Gatsby (Mangá)** – F. S. Fitzgerald
1125. **Assim falou Zaratustra (Mangá)** – Nietzsche
1126. **Peanuts: É para isso que servem os amigos (amizade)** – Charles Schulz
1127(27). **Nietzsche** – Dorian Astor
1128. **Bidu: Hora do banho** – Mauricio de Sousa
1129. **O melhor do Macanudo Taurino** – Santiago
1130. **Radicci 30 anos** – Iotti
1131. **Show de sabores** – J.A. Pinheiro Machado
1132. **O prazer das palavras** – vol. 3 – Cláudio Moreno
1133. **Morte na praia** – Agatha Christie
1134. **O fardo** – Agatha Christie
1135. **Manifesto do Partido Comunista (Mangá)** – Marx & Engels
1136. **A metamorfose (Mangá)** – Franz Kafka
1137. **Por que você não se casou... ainda** – Tracy McMillan
1138. **Textos autobiográficos** – Bukowski
1139. **A importância de ser prudente** – Oscar Wilde
1140. **Sobre a vontade na natureza** – Arthur Schopenhauer
1141. **Dilbert (8)** – Scott Adams
1142. **Entre dois amores** – Agatha Christie
1143. **Cipreste triste** – Agatha Christie
1144. **Alguém viu uma assombração?** – Mauricio de Sousa
1145. **Mandela** – Elleke Boehmer
1146. **Retrato do artista quando jovem** – James Joyce
1147. **Zadig ou o destino** – Voltaire
1148. **O contrato social (Mangá)** – J.-J. Rousseau
1149. **Garfield fenomenal** – Jim Davis
1150. **A queda da América** – Allen Ginsberg
1151. **Música na noite & outros ensaios** – Aldous Huxley
1152. **Poesias inéditas & Poemas dramáticos** – Fernando Pessoa
1153. **Peanuts: Felicidade é...** – Charles M. Schulz
1154. **Mate-me por favor** – Legs McNeil e Gillian McCain
1155. **Assassinato no Expresso Oriente** – Agatha Christie

1156. Um punhado de centeio – Agatha Christie
1157. A interpretação dos sonhos (Mangá) – Freud
1158. Peanuts: Você não entende o sentido da vida – Charles M. Schulz
1159. A dinastia Rothschild – Herbert R. Lottman
1160. A Mansão Hollow – Agatha Christie
1161. Nas montanhas da loucura – H.P. Lovecraft
1162(28). Napoleão Bonaparte – Pascale Fautrier
1163. Um corpo na biblioteca – Agatha Christie
1164. Inovação – Mark Dodgson e David Gann
1165. O que toda mulher deve saber sobre os homens: a afetividade masculina – Walter Riso
1166. O amor está no ar – Mauricio de Sousa
1167. Testemunha de acusação & outras histórias – Agatha Christie
1168. Etiqueta de bolso – Celia Ribeiro
1169. Poesia reunida (volume 3) – Affonso Romano de Sant'Anna
1170. Emma – Jane Austen
1171. Que seja em segredo – Ana Miranda
1172. Garfield sem apetite – Jim Davis
1173. Garfield: Foi mal... – Jim Davis
1174. Os irmãos Karamázov (Mangá) – Dostoiévski
1175. O Pequeno Príncipe – Antoine de Saint-Exupéry
1176. Peanuts: Ninguém mais tem o espírito aventureiro – Charles M. Schulz
1177. Assim falou Zaratustra – Nietzsche
1178. Morte no Nilo – Agatha Christie
1179. Ê, soneca boa – Mauricio de Sousa
1180. Garfield a todo o vapor – Jim Davis
1181. Em busca do tempo perdido (Mangá) – Proust
1182. Cai o pano: o último caso de Poirot – Agatha Christie
1183. Livro para colorir e relaxar – Livro 1
1184. Para colorir sem parar
1185. Os elefantes não esquecem – Agatha Christie
1186. Teoria da relatividade – Albert Einstein
1187. Compêndio da psicanálise – Freud
1188. Visões de Gerard – Jack Kerouac
1189. Fim de verão – Mohiro Kitoh
1190. Procurando diversão – Mauricio de Sousa
1191. E não sobrou nenhum e outras peças – Agatha Christie
1192. Ansiedade – Daniel Freeman & Jason Freeman
1193. Garfield: pausa para o almoço – Jim Davis
1194. Contos do dia e da noite – Guy de Maupassant
1195. O melhor de Hagar 7 – Dik Browne
1196(29). Lou Andreas-Salomé – Dorian Astor
1197(30). Pasolini – René de Ceccatty
1198. O caso do Hotel Bertram – Agatha Christie
1199. Crônicas de motel – Sam Shepard
1200. Pequena filosofia da paz interior – Catherine Rambert
1201. Os sertões – Euclides da Cunha
1202. Treze à mesa – Agatha Christie
1203. Bíblia – John Riches
1204. Anjos – David Albert Jones
1205. As tirinhas do Guri de Uruguaiana 1 – Jair Kobe
1206. Entre aspas (vol.1) – Fernando Eichenberg
1207. Escrita – Andrew Robinson
1208. O spleen de Paris: pequenos poemas em prosa – Charles Baudelaire
1209. Satíricon – Petrônio
1210. O avarento – Molière
1211. Queimando na água, afogando-se na chama – Bukowski
1212. Miscelânea septuagenária: contos e poemas – Bukowski
1213. Que filosofar é aprender a morrer e outros ensaios – Montaigne
1214. Da amizade e outros ensaios – Montaigne
1215. O medo à espreita e outras histórias – H.P. Lovecraft
1216. A obra de arte na era de sua reprodutibilidade técnica – Walter Benjamin
1217. Sobre a liberdade – John Stuart Mill
1218. O segredo de Chimneys – Agatha Christie
1219. Morte na rua Hickory – Agatha Christie
1220. Ulisses (Mangá) – James Joyce
1221. Ateísmo – Julian Baggini
1222. Os melhores contos de Katherine Mansfield – Katherine Mansfied
1223(31). Martin Luther King – Alain Foix
1224. Millôr Definitivo: uma antologia de A Bíblia do Caos – Millôr Fernandes
1225. O Clube das Terças-Feiras e outras histórias – Agatha Christie
1226. Por que sou tão sábio – Nietzsche
1227. Sobre a mentira – Platão
1228. Sobre a leitura seguido do Depoimento de Céleste Albaret – Proust
1229. O homem do terno marrom – Agatha Christie
1230(32). Jimi Hendrix – Franck Médioni
1231. Amor e amizade e outras histórias – Jane Austen
1232. Lady Susan, Os Watson e Sanditon – Jane Austen
1233. Uma breve história da ciência – William Bynum
1234. Macunaíma: o herói sem nenhum caráter – Mário de Andrade
1235. A máquina do tempo – H.G. Wells
1236. O homem invisível – H.G. Wells
1237. Os 36 estratagemas: manual secreto da arte da guerra – Anônimo
1238. A mina de ouro e outras histórias – Agatha Christie
1239. Pic – Jack Kerouac
1240. O habitante da escuridão e outros contos – H.P. Lovecraft
1241. O chamado de Cthulhu e outros contos – H.P. Lovecraft
1242. O melhor de Meu reino por um cavalo! – Edição de Ivan Pinheiro Machado
1243. A guerra dos mundos – H.G. Wells
1244. O caso da criada perfeita e outras histórias – Agatha Christie
1245. Morte por afogamento e outras histórias – Agatha Christie
1246. Assassinato no Comitê Central – Manuel Vázquez Montalbán
1247. O papai é pop – Marcos Piangers

1248. **O papai é pop 2** – Marcos Piangers
1249. **A mamãe é rock** – Ana Cardoso
1250. **Paris boêmia** – Dan Franck
1251. **Paris libertária** – Dan Franck
1252. **Paris ocupada** – Dan Franck
1253. **Uma anedota infame** – Dostoiévski
1254. **O último dia de um condenado** – Victor Hugo
1255. **Nem só de caviar vive o homem** – J.M. Simmel
1256. **Amanhã é outro dia** – J.M. Simmel
1257. **Mulherzinhas** – Louisa May Alcott
1258. **Reforma Protestante** – Peter Marshall
1259. **História econômica global** – Robert C. Allen
1260(33). **Che Guevara** – Alain Foix
1261. **Câncer** – Nicholas James
1262. **Akhenaton** – Agatha Christie
1263. **Aforismos para a sabedoria de vida** – Arthur Schopenhauer
1264. **Uma história do mundo** – David Coimbra
1265. **Ame e não sofra** – Walter Riso
1266. **Desapegue-se!** – Walter Riso
1267. **Os Sousa: Uma família do barulho** – Mauricio de Sousa
1268. **Nico Demo: O rei da travessura** – Mauricio de Sousa
1269. **Testemunha de acusação e outras peças** – Agatha Christie
1270(34). **Dostoiévski** – Virgil Tanase
1271. **O melhor de Hagar 8** – Dik Browne
1272. **O melhor de Hagar 9** – Dik Browne
1273. **O melhor de Hagar 10** – Dik e Chris Browne
1274. **Considerações sobre o governo representativo** – John Stuart Mill
1275. **O homem Moisés e a religião monoteísta** – Freud
1276. **Inibição, sintoma e medo** – Freud
1277. **Além do princípio de prazer** – Freud
1278. **O direito de dizer não!** – Walter Riso
1279. **A arte de ser flexível** – Walter Riso
1280. **Casados e descasados** – August Strindberg
1281. **Da Terra à Lua** – Júlio Verne
1282. **Minhas galerias e meus pintores** – Kahnweiler
1283. **A arte do romance** – Virginia Woolf
1284. **Teatro completo v. 1: As aves da noite** *seguido de* **O visitante** – Hilda Hilst
1285. **Teatro completo v. 2: O verdugo** *seguido de* **A morte do patriarca** – Hilda Hilst
1286. **Teatro completo v. 3: O rato no muro** *seguido de* **Auto da barca de Camiri** – Hilda Hilst
1287. **Teatro completo v. 4: A empresa** *seguido de* **O novo sistema** – Hilda Hilst
1289. **Fora de mim** – Martha Medeiros
1290. **Divã** – Martha Medeiros
1291. **Sobre a genealogia da moral: um escrito polêmico** – Nietzsche
1292. **A consciência de Zeno** – Italo Svevo
1293. **Células-tronco** – Jonathan Slack
1294. **O fim do ciúme e outros contos** – Proust
1295. **A jangada** – Júlio Verne
1296. **A ilha do dr. Moreau** – H.G. Wells
1297. **Ninho de fidalgos** – Ivan Turguêniev
1298. **Jane Eyre** – Charlotte Brontë
1299. **Sobre gatos** – Bukowski
1300. **Sobre o amor** – Bukowski
1301. **Escrever para não enlouquecer** – Bukowski
1302. **222 receitas** – J. A. Pinheiro Machado
1303. **Reinações de Narizinho** – Monteiro Lobato
1304. **O Saci** – Monteiro Lobato
1305. **Memórias da Emília** – Monteiro Lobato
1306. **O Picapau Amarelo** – Monteiro Lobato
1307. **A reforma da Natureza** – Monteiro Lobato
1308. **Fábulas** *seguido de* **Histórias diversas** – Monteiro Lobato
1309. **Aventuras de Hans Staden** – Monteiro Lobato
1310. **Peter Pan** – Monteiro Lobato
1311. **Dom Quixote das crianças** – Monteiro Lobato
1312. **O Minotauro** – Monteiro Lobato
1313. **Um quarto só seu** – Virginia Woolf
1314. **Sonetos** – Shakespeare
1315(35). **Thoreau** – Marie Berthoumieu e Laura El Makki
1316. **Teoria da arte** – Cynthia Freeland
1317. **A arte da prudência** – Baltasar Gracián
1318. **O louco** *seguido de* **Areia e espuma** – Khalil Gibran
1319. **O profeta** *seguido de* **O jardim do profeta** – Khalil Gibran
1320. **Jesus, o Filho do Homem** – Khalil Gibran
1321. **A luta** – Norman Mailer
1322. **Sobre o sofrimento do mundo e outros ensaios** – Schopenhauer
1323. **Epidemiologia** – Rodolfo Saracci
1324. **Japão moderno** – Christopher Goto-Jones
1325. **A arte da meditação** – Matthieu Ricard
1326. **O adversário secreto** – Agatha Christie
1327. **Pollyanna** – Eleanor H. Porter
1328. **Espelhos** – Eduardo Galeano
1329. **A Vênus das peles** – Sacher-Masoch
1330. **O 18 de brumário de Luís Bonaparte** – Karl Marx
1331. **Um jogo para os vivos** – Patricia Highsmith
1332. **A tristeza pode esperar** – J.J. Camargo
1333. **Vinte poemas de amor e uma canção desesperada** – Pablo Neruda
1334. **Judaísmo** – Norman Solomon
1335. **Esquizofrenia** – Christopher Frith & Eve Johnstone
1336. **Seis personagens em busca de um autor** – Luigi Pirandello
1337. **A Fazenda dos Animais** – George Orwell
1338. **1984** – George Orwell
1339. **Ubu Rei** – Alfred Jarry
1340. **Sobre bêbados e bebidas** – Bukowski
1341. **Tempestade para os vivos e para os mortos** – Bukowski
1342. **Complicado** – Natsume Ono
1343. **Sobre o livre-arbítrio** – Schopenhauer
1344. **Uma breve história da literatura** – John Sutherland
1345. **Você fica tão sozinho às vezes que até faz sentido** – Bukowski
1346. **Um apartamento em Paris** – Guillaume Musso
1347. **Receitas fáceis & saborosas** – José Antonio Pinheiro Machado

lepmeditores
www.lpm.com.br
o site que conta tudo

IMPRESSÃO:

PALLOTTI
GRÁFICA

Santa Maria - RS | Fone: (55) 3220.4500
www.graficapallotti.com.br